KB106925

공공언어의 이해와 소통

성균 한국어문학 총서 1
공공언어의 이해와 소통

초 판 인 쇄	2023년 2월 21일
초 판 발 행	2023년 2월 28일
저　　　자	정희창 · 김지혜 · 방영심 · 박지순 · 이지수 · 김주은 · 곽유석 · 김강은 · 김종희 · 김정윤 · 홍상기 · 정량량
발 행 인	윤석현
발 행 처	박문사
책 임 편 집	최인노
등 록 번 호	제2009-11호
우 편 주 소	서울시 도봉구 우이천로 353
대 표 전 화	02) 992 / 3253
전　　　송	02) 991 / 1285
전 자 우 편	bakmunsa@hanmail.net

ⓒ 정희창 · 김지혜 외, 2023 Printed in KOREA.

ISBN 979-11-92365-25-1　03700　　　　　　　　　　　　정가 16,000원

성균 한국어문학 총서 1

공공언어의 이해와 소통

정희창·김지혜·방영심·박지순·이지수·김주은
곽유석·김강은·김종희·김정윤·홍상기·정량량

박문사

머리말

　우리 사회가 '공공언어'에 대해 말하기 시작한 지는 얼마 되지 않는다. 그럼에도 공공언어는 요즈음 부쩍 많은 관심을 받고 있다. 이는 "공공언어는 인권이다"라는 말에서 그 까닭을 알 수 있다. 공공언어는 공적인 언어의 지위를 가지고 있고 사회 공동체의 공동선을 목표로 하며 사회적 약자를 배려하는 복지와 출발점이 동일하다. 한 사회의 성숙도를 사회적 약자에 대한 배려와 동행으로 가늠한다면 언어 취약 계층을 배려하는 공공언어 또한 우리 사회가 지향하는 방향타와 같다고 할 수 있다.

　우리는 날마다 언어를 통해 누군가와 자신의 생각, 마음을 나누고 공감하고 토론한다. 공공언어 또한 사회 구성원이 자신의 지위를 유지하고 공동체의 일원으로 살아가는 데 필수적인 소통 수단이다. 누군가와 소통하며 사회 구성원으로서 인간다움을 잃지 않고 자신의 책임을 다할 수 있는 기회를 보장받는 것, 불편한 언어 때문에 할 말을 하지 못하는 일이 없도록 하는 것, 공공언어는 우리 사회가 지향하는 가치이자 그러한 가치를 실현하는 출발점이다.

　이 책은 함께 공부하고 토론했던 연구자들과 함께 기획하고 원고를 쓰고 다듬은 결과물이다. 마음에 품은 때부터 지금까지 적지 않은 시간이 필요했지만 함께 이야기하고 논의하고 공감하는 과정은 뜻깊고 의미 있는 시간이었다. 작지만, 그 울림은 결코 작지 않은 이 책이 언어가 사람다움을 지탱하는 데 조금이나마 도움이 되기를 기대한다.

2023년 필자를 대표하여 정희창 씀.

목차

머리말 / 5

제1부

공공언어란 무엇일까?

제1장

공공언어의
개념과 요건

공공언어 정책의 의미와 실제[*]

국어 정책으로서 공공언어에 대한 관심이 본격화된 것은 국립국어원에서 공공언어 정책을 본격화한 시기부터라고 할 수 있다. 공공언어 전담 부서를 설치하고 사업을 시작함으로써 공공언어가 국어 정책의 한 부분으로 자리 잡게 되었다.[1]

공공언어 정책이 국어 정책의 한 축이 된 것은 여러 가지 의미를 지닌다. 무엇보다도 공공언어는 국어 정책의 수혜자와 대상이 비교적 명백한 정책이라는 점에서 실효성이 높다는 것을 들 수 있다. 이는 오랫동안 국어 정책의 주요한 위치에 있는 국어 순화 정책과 비교하면 그 의미가 명백해진다.

국어 순화는 해방 직후 진행된 '우리말 도로 찾기' 운동의 시기에는 일제 강점기에 억압되고 금지되었던 우리말을 회복한다는 의미를 지니고 있었다. 그런데 초창기의 이러한 목적이 현재에도 유효하다고 하기는 어렵다. 우리말의 순수성을 지키는 것과 회복하는 것은 당대적 의미는 충분하지만 현재적 의미 또한 여전한 것은 아니기 때문이다. 현재의 국어 순화 정책은 수혜자와 목적이 정확하지 않다는 문제를 지니고 있다. 정책의 수혜자가 얻는 이익과 그것의 내용이 불확실하다는 뜻이다. 국어 순화라는 취지에 동의하더라도 현재의 언어 현실에서 실현 가능한지, 그리고 정책의 효과가 무엇인지 설득력을 지니기 쉽지 않다.[2]

---

[*] 1장과 관련한 일부 내용은 정희창(2023)에서 다루어진 바 있다. 학술적인 관점의 상세한 내용은 정희창(2023)을 참조할 수 있다.

[1] 언어 정책으로서 '공공언어'에 대한 언급은 2007년에 나타나지만 본격적으로 추진된 것은 2009년에 국립국어원에 공공언어 정책 추진을 전담하는 '공공언어지원단'이 설치되면서부터라고 할 수 있다(황용주 2011 참조).

[2] 이러한 점을 고려하여 현재의 국어 순화는 소통성이 낮은 외국어 등을 소통성 높

이러한 점에서 공공언어는 정책의 대상과 효과가 비교적 명확하다는 장점이 있다. 정책의 대상은 좁게는 '국가 및 공공 기관에서 사회 공동체의 구성원과 소통할 목적으로 사용하는 언어'이다. 이를 넓게 잡으면 '국민이 참여하는 상황에서 사용되는 모든 언어'로 확장할 수 있는데 어느 쪽을 선택해도 공공언어는 공적 영역과 사적 영역을 모두 포괄하는 개념이다. 즉 공공언어는 특정한 개인이나 집단과 관련되지 않고 사회 구성원 모두가 동의하는 공동의 가치를 실현하는 언어이며, 사회에서 추구하는 사회적 가치를 실현하기에 적합한 언어이다.

따라서 공공언어는 사회 공동체에서 추구하는 가치와 그 본질을 유지하는 최선의 언어 사용에 대한 구체적인 합의를 전제로 성립한다. 구성원 모두가 제약 없이 활용하고 소통하며 문화 향유의 도구로 사용하기에 적절해야 한다. 사회적 가치를 저해하거나 구성원 모두가 소통하지 못하는 언어 사용은 공공언어의 범위에서 제외된다.

공공언어에 대한 주목할 만한 관점은 언어 사용을 인권의 측면에서 접근하는 것이다(이건범 2017). 이는 공공언어에는 사회 구성원의 언어 사용을 보장하는 언어적 배려가 담겨 있어야 한다는 뜻이다. 사회적 약자에 대한 복지 정책이 필요하듯이 언어 취약 계층에 대한 언어적 배려 또한 필요하다고 할 수 있다. 이를 위해 공공언어는 일정한 체계를 갖추고 있어야 하며 그러한 체계의 유지에 필요한 제도, 교육, 홍보 등이 마련되어야 한다. 이때의 공공성은 언어가 지닌 소통성을 최대한 보장함으로써 사회의 구성원 모두가 소통할 수 있는 상태를 의미한다. 소

은 언어로 대체하고 사회에서 공감하는 언어 사용 환경을 조성하는 방향으로 정책이 전환되고 있다고 생각된다. 언어의 소통성을 높이는 것을 목표로 한다는 점에서 국어 순화는 공공언어와 목표와 방향성이 동일하다고 할 수 있는데 이는 국어 순화의 첫 번째 대상이 공공언어라는 점에서 지극히 자연스러운 것이라고 평가할 수 있다(정희창 2020 참조).

통성이 중요한 이유는 공동체의 구성원을 소외시키지 않고 공동 목표와 가치를 달성하고 유지하는 데 필수적인 요소이기 때문이다.

사회적인 소통의 중요성은 사회적인 비용과 경제적인 관점에서도 명확하다. 아래의 예를 보면 소통성을 저해하는 어려운 정책 용어가 사회적 비용을 발생시켜 사회 전반에 부담을 주고 결과적으로는 공공 부문의 경쟁력을 약화시키는 요인이 된다는 것을 알 수 있다(국립국어원·현대경제연구원 2010).[3]

어려운 정책 용어의 예:	사회적 비용	사회적 비용
맘프러너(mom+entrepreneur), 마이크로크레딧(Micro-Credit)	시간 비용 114억 원	정책명을 접한 국민 수× 접한 일 년 평균 횟수× 어려운 용어 추가 소요 시간× 평균 노동 임금

이러한 사회적 비용은 언어 취약 계층을 배려하지 않은 일방적인 언어 사용에서 발생하는 불필요한 비용이라고 할 수 있다. 사회적인 약자를 배려하는 것이 사회의 공동선(共同善)이라면 불필요한 사회적 비용을 억제하는 것은 합리적인 사회적 제도에 해당한다. 따라서 사회적 약자를 언어적으로 배려하기 위한 사회적 개입을 언어의 자유에 대한 제약이나 억압으로 바라볼 필요는 없다. 이는 언어의 공공성을 높이기 위한 것이기 때문이다. 공공언어 사용을 인권의 문제로 접근하는 것은 이러한 점에서 의미가 있다고 평가할 수 있다.

이처럼 공공언어에 대한 논의가 사회 공동체의 유지와 발전에 필수적인 것이라면 공공언어에 대한 정책과 더불어 공공언어를 홍보하고

---

3) '연도별 비용 절감액=시간 비용 114억 원×정책 추진에 따른 억제도 예측치'이다. 이에 따르면 결과적으로 첫해에 34억 원, 1년 후 68억 원, 그 후 연 102억 원을 절감할 수 있다. 자세한 내용은 국립국어원·현대경제연구원(2010) 참조.

교육함으로써 사회 전체가 공유하는 것 역시도 필수적인 것이라 할 수 있다. 따라서 이 장에서는 공공언어의 교육적 관점에 대해 몇 가지 문제를 제기하고 관련된 논의를 살펴보고자 한다. 공공언어가 국어 정책의 하나로 설정된 것이 공공언어에 대한 논의의 첫걸음이었다면 공공언어의 교육은 공공언어가 자리매김하는 본격적인 논의라고 할 수 있을 것이다.

공공언어의 요건

공공언어 정책의 공공성을 유지하기 위해서는 이를 제도적으로 뒷받침할 필요가 있다. 공공언어 사용의 제도적 근거는 「국어기본법」에서 찾아볼 수 있다. 「국어기본법」에서는 공공언어가 지켜야 할 형식적인 요건을 제시하고 있다. 공공성을 전제로 한 언어는 공공성을 유지하고 확대할 책무가 있음을 명시한 것으로 이는 공공성을 유지하기 위한 사회적인 개입의 근거라고 할 수 있다. 그런데 공공언어와 관련된 제도는 강제적이라기보다는 권고하는 내용으로 되어 있어서 위반할 경우 제재를 받는 다른 법 규정과는 차이가 있다. 공공언어 사용과 관련된 「국어기본법」의 주요 내용은 다음과 같다(국립국어원 2020).

분류	조항	주요 내용
'국어'와 '한글'의 정의	제3조	◦ '국어'는 대한민국의 공용어인 한국어를 말하며 '한글'은 국어를 표기하는 우리의 고유 문자를 말한다.
국가와 지방자치단체의 책무	제4조	◦ 국가와 지방자치단체는 국민의 국어 능력 향상과 지역어 보전 등 국어의 발전과 보전을 위하여 노력해야 한다.

국어 발전 기본계획의 수립	제6조	○ 국어의 발전과 보급을 위한 국어 발전 기본 계획을 5년마다 수립하고 시행해야 한다.
실태 조사	제9조	○ 국어 정책에 필요한 국민의 국어 능력, 국어 의식, 국어 사용 환경 등에 대한 자료 수집 및 실태 조사를 실시해야 한다.
국어책임관 지정	제10조	○ 국가기관과 지방자치단체의 장은 국어의 발전 및 보전을 위한 업무를 총괄하는 국어 책임관을 소속 공무원 중에서 지정한다.
어문 규범의 제정	제11조	○ 국어심의회의 심의를 거쳐 어문 규범을 제정 하거나 개정하고 그 내용을 관보에 고시한다.
어문 규범의 영향 평가	제12조	○ 어문 규범이 국민의 국어 사용에 미치는 영 향과 어문 규범의 현실성 및 합리성 등을 평 가하여 정책에 반영한다.
국어심의회	제13조	○ 국어의 발전과 보전을 위한 중요 사항을 심 의하기 위해 문화체육관광부에 국어심의회 를 설치한다.
공문서 작성·평가	제14조	○ 공문서는 일반 국민이 알기 쉬운 용어와 문 장으로 써야 하며, 어문 규범에 맞추어 한글 로 작성하여야 한다. ○ 문화체육관광부 장관은 공문서에 사용된 표 기·표현에 대해 매년 평가하고 그 결과를 공개해야 한다.
국어 문화의 확산	제15조	○ 바람직한 국어 문화가 확산될 수 있도록 신 문·방송·인터넷 등을 활용한 홍보와 교육 을 적극적으로 시행한다.
전문 용어의 표준화	제17조	○ 국가는 국민이 각 분야의 전문 용어를 쉽고 편리하게 사용할 수 있도록 전문 용어를 표 준화하고 체계화하여 보급한다.
교과용 도서의 어문 규범 준수	제18조	○ 교육부 장관은 교과용 도서를 편찬하거나 검정 또는 인정하는 경우에는 어문 규범을 준수하여야 한다.
국어 능력 향상을 위한 정책	제22조	○ 국가와 지방자치단체는 국민의 국어 능력 향상을 위한 기회를 제공하고 국어 능력 향 상에 필요한 정책을 추진한다.
국어문화원의 지정	제24조	○ 국어문화원을 설치하여 국민의 국어 능력을 높이고 국어와 관련된 각종 상담 등을 시행 한다.

이러한 규정은 공공언어가 주로 공공 기관을 중심으로 생산되고 유통된다는 점에서 이해할 수 있다. 예를 들어 "국어기본법 제14조"의 '공문서 작성'은 공공 기관에서 작성하는 문서의 소통성을 규정하고 있는데 그 수혜자는 사회 구성원 전체가 된다. 따라서 공문서는 누구나 이해할 수 있는 언어로 작성되어야 하며 일정한 형식적 요건을 갖추어야 한다는 것이 주요 내용이다. 국어기본법 시행령 11조에서는 의미 전달이 어렵거나 전문어, 신조어 등처럼 소통이 어려운 표현을 사용하는 경우 한자나 외국어를 괄호 안에 병기할 수 있다는 구체적인 내용을 제시하고 있다.

국어기본법 시행령	제11조	○ 공문서에서 명확한 의미 전달, 어려운 전문 어나 신조어 사용으로 필요한 경우 괄호 안 에 한자나 외국어를 사용할 수 있다.

이는 불가피하게 어려운 용어를 사용할 경우에도 소통성을 높이기 위한 적극적인 노력을 해야 한다는 뜻이다. 공문서는 어문 규범에 맞는 한글로 작성하는 것이 원칙이므로 한자나 로마자만을 노출하는 것은 허용되지 않는다.[4]

---

[4] 사실 이 규정은 언어 현실에 비추어 볼 때 실현하기가 쉽지 않다. 물론 상징적이고 선언적인 의미를 지닌 것이라고 생각되지만 언어 현실에서 적용하기 어려운 명목상의 규정으로 고정될 경우 자칫 법 규정 전체의 실현성이 의심될 우려가 있는 것이 사실이다. 공문서에서도 로마자로 표기하는 정책 용어와 낯선 신조어들이 자주 등장할 만큼 로마자나 한자어 노출을 제한하는 것은 어려운 일이다. 현재 이러한 규정이 적용되고 있는 것 중 하나는 제18조에 규정하고 있는 교과용 도서이다. 교과용 도서는 검정 단계에서 어문 규범의 준수 여부를 심사하는데 이때 교과용 도서에는 한자어나 로마자의 노출을 원칙적으로 허용하지 않는다. 그렇지만 교과목에 따라 사용 빈도가 높은 로마자 약자를 무조건 배제하는 것이 바람직한지에 대한 판단이 필요할 때가 있다. UN, PC, OECD 등과 같은 용어의 사용을 일률적으로 제한할 경우 소통성이 오히려 저해된다는 의견도 있다. 해결 방안으로 초등용 교과서에 한정해서 '한글(로마자)'의 표기 방식을 권장하고 중등용 교과서에서는 필요한 경우 사용하도록 하는 방안을 권고할 수 있다.

「국어기본법」에서는 공공성을 띤 언어 사용과 그 결과물은 일정한 요건을 갖추어야 한다는 것을 일반적인 관점에서 규정하고 있다. 다만 이때의 공공언어를 공문서 등으로 한정하느냐, 조금 더 폭을 넓혀 공적인 관점의 모든 언어 사용 상황을 포괄하느냐에 따라 적용 범위에는 차이가 나타난다. 공공언어는 공적인 관점의 모든 언어 사용에 관련된다고 할 수 있지만 법 제도에서 세부적인 사용 장면까지 모두 규정할 수는 없기 때문이다.

따라서 공공언어의 범위를 한정할 때 법 제도, 정책, 사회적 합의 등 사회적 개입이 필요한지를 기준으로 공공언어의 범위를 설정할 필요가 있다. 아래는 공적인 목적으로 소통되는 언어 사용과 결과물로 적극적인 개입이 필요한 것들이다(국립국어원 2020).

생산 주체	대상	종류	
		문어	구어
국가 공공 기관	국민	정부 문서, 민원서류 양식, 보도 자료, 법령, 판결문, 게시문, 안내문, 설명문, 홍보문 등	정책 브리핑, 대국민 담화, 전화 안내 등
민간단체 민간 기업 공인		(신문, 인터넷 등의) 기사문, 은행·보험·증권 등의 약관, 해설서, 사용 설명서, 홍보 포스터, 광고문, 거리 간판, 현수막, 공연물 대본, 자막	방송 언어, 약관이나 사용 설명 안내, 공연물의 대사
국가 공공 기관	국가 공공 기관	공공 기관 내부 문건, 보고서 등	국정 보고, 국회 답변

공공언어는 사회의 공공성을 실현하기 위해 일정한 형식과 내용을

갖추어야 한다. 이때의 형식은 단어의 표기에서 문장의 표현, 실제 대화에 이르는 범위를 포괄한다. 내용은 언어 형식에 담기는 의미로 축자적 의미부터 맥락적 의미, 대화 상황에서는 사회적인 의미, 역사적인 관련성까지를 포괄하는 폭넓은 개념이다. 그동안 공공언어가 갖추어야 할 요건으로 제시된 기준은 다음과 같이 정리할 수 있다(국립국어원 2021).

공공언어의 요건		
쉽게 쓰기	형식의 용이성	자연스럽게 읽을 수 있는가?
		시각적 편의를 고려하였는가?
	내용의 용이성	적절한 분량의 정보를 제시하였는가?
		내용이 논리적으로 제시되었는가?
국민의 입장에서 표현하기	고압적 표현 삼가기	명령, 권위적 표현을 사용하지 않았는가?
	차별적 표현 삼가기	성, 지역, 인종 등에 대한 차별적, 비하적 표현을 사용하지 않았는가?
정확하게 쓰기	표기의 정확성	오자 혹은 탈자가 없는가?
		어문 규범에 어긋나는 표기가 없는가?
	표현의 정확성	의미에 맞는 단어를 썼는가?
		어법에 맞게 문장을 썼는가?

이러한 기준은 사회 공동체에서 적용되는 공공언어의 요건이라고 할 수 있다. 따라서 공공언어가 교육 현장에서 적용될 경우의 요건과는 차이가 있을 수 있다. 국어 정책과 국어 교육은 주체와 대상, 목표와 내용에서 다를 수밖에 없다. 공공언어 정책이 구체적인 언어 정책이라면 공공언어에 대한 교육은 실제의 정책을 포함하여 공공언어가 지닌 언어적, 철학적, 정치적인 관점까지 모두 포괄할 필요가 있다. 공공

언어 정책에 담겨 있는 관점을 분석하고 사회에서 필요한 다양한 관점을 추가하여 학술적, 교육적으로 재구조화함으로써 실제 정책과 연계할 방안을 제시하는 것이 중요한 논점이 될 것으로 보인다.

아래는 현재까지의 상황에서 공공언어를 공공 기관 언어, 교육 언어, 사회 언어로 나누어 각각의 현황과 역할을 제시한 것이다. 지금까지 공공 기관 언어와 사회 언어에 대해서는 어느 정도의 논의가 이루어지고 있지만 교육 언어에 대한 논의는 구체화되지 않았다고 할 수 있다.

	어려운 공공언어	차별적/고압적 공공언어	부정확한 공공언어
공공 기관 언어	○ 쉬운 정책 용어로 수혜자의 정책 접근성 강화	○ 언어 취약 계층에 대한 언어 지원 프로그램 운영	○ 일관되고 소통성 높은 언어 구현
교육 언어	○ 전문 용어 및 교육 용어의 표준화 및 일관성 제시	○ 사회적 가치를 반영하는 언어 사용에 대한 교육 실시	○ 언어의 의미를 정확하게 전달하는 언어 사용 체계 마련
사회 언어	○ 쉬운 말의 적극적 사용 및 권장	○ 차별, 혐오 등의 언어 표현을 제재하는 사회적 합의 시행	○ 사회적 비용을 절감하는 소통성 높은 언어 사용 공감대 형성

공공언어와 국어 순화

국어 순화는 국어의 순수성을 회복하는 것에서 출발했지만 현재는 조금 더 소통성 높은 쉬운 언어를 제시하는 것이 중요한 목적이다. 따라서 국어 순화와 공공언어는 소통성이 높은 쉬운 언어를 목표로 한

다는 점에서 그 목적이 일치한다. 이는 국어 순화가 이루어지는 과정
에서도 알 수 있다.

	순화 과정	예
순화 대상어	어떤 말을 다듬을 것인가?	웰빙(well-being)
순화 과정	어떤 방법으로 다듬을 것인가?	누리꾼의 자발적 참여
순화어	다듬어진 말은 무엇인가?	참살이

위에서 순화 대상어인 '웰빙'은 새롭게 사용되는 말로 소통성이 높
은 쉬운 말이라고 하기 어렵다. 또한 정책 용어로 사용될 만큼 사용 빈
도가 높다는 점에서 순화의 필요성이 있다고 할 수 있다.

공공언어와 순화의 관계는 두 가지 면에서 설명할 수 있다. 하나는
공공언어를 대상으로 할 경우 수혜 당사자가 광범위하다는 점이다.
정책 용어 등은 사회 구성원 전체를 대상으로 한다. 따라서 소통성이
높은 언어를 사용할 필요가 있다. 다른 하나는 공공언어는 사회적 개
입을 통해 강제적으로 시행할 근거가 있다는 점이다. 이를 '순화어의
공공성'이라고 한다면 이는 국어 순화가 지향해야 할 영역이다.

정책적으로 국어 순화와 공공언어를 통합하여 접근할 필요가 있는
이유는 국어 순화 정책이 국어 정책으로서 중요한 위치를 차지하고 있
기 때문이다. 국어 순화는 어문 규범과 더불어 국어 정책의 주요 축을
이룬다고 할 수 있다. 초창기에 국어 순화 정책이 강조되었다면 현재
는 어문 규범 정책이 좀 더 많은 관심을 받고 있다. 지금의 언어 현실은
초창기 국어 순화를 추진하던 상황과는 차이가 적지 않다.

	목적	방향
초창기	국어의 순수성 회복	일본어→고유어
현 재	의사소통 원활화	외국어→고유어, 한자어, 외래어 한자어→고유어, 한자어 고유어→고유어

〈표 1〉 순화의 목적과 방향 변화(정희창 2017)

아래는 국어 순화의 추진 과정을 시대별로 제시한 것이다. 1단계가 우리말을 회복하는 '우리말 도로 찾기'의 시기라면 2단계에서는 한글 전용이 중심 화제가 되었고 3단계부터는 국어의 소통성을 높이기 위한 우리말 다듬기가 본격화되었다고 할 수 있다. 현재는 국어 순화를 어려운 말을 쉬운 말로 대체하는 기존의 틀에서 벗어나 국어에서 통용될 가치가 높은 새로운 말을 만드는 '새말' 형성의 방식으로 접근하고 있다. 현재의 국어 순화 방식은 공공언어 정책에도 효과적으로 적용할 수 있다. 공공언어의 좌표를 사회적으로 문제가 있는 말을 제외한 나머지가 아니라 사회적으로 가치가 있는 말을 중심으로 설정할 필요가 있기 때문이다.

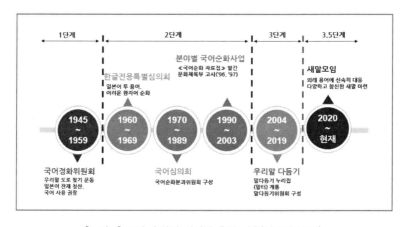

[그림 1] 국어 순화의 시기별 추진 내용(박주화 2019)

국어 순화와 공공언어 정책이 통합될 경우 결과물을 제시하는 방식도 기존과는 차별화할 필요가 있다. 가장 효과적인 방식은 국어사전에서 그러한 내용을 제시하는 것이다.

메세나(mécénat ▾)   ⊘ 편집하기   ⊗ 편집 금지 요청

품사　　「명사」
분야　　「예체능 일반」

「001」 기업이 문화, 예술, 과학, 스포츠 따위의 분야를 지원하는 활동. 로마 제국 초기의 대신으로 예술, 문화의 옹호자이며, 문화 예술가들에게 지원을 아끼지 않았던 ? 마에케나스(Maecenas, G.)로부터 유래되었다.

규범 정보

순화(국립국어원 말다듬기위원회 회의(2006년 5월 31일))
▸ ʻ메세나ʼ를 ʻ문예 후원ʼ으로 순화하였다.

미션(mission ▾)   ⊘ 편집하기   ⊗ 편집 금지 요청

품사　　「명사」
분야　　「사회 일반」

「002」 조직에서 중요하게 맡겨진 목표나 과제.

관련 어휘

• **비슷한말**　중요^임무(重要任務)

규범 정보

순화(국립국어원 말다듬기위원회 회의(2013년 3월 8일))
▸ ʻ미션ʼ을 ʻ임무ʼ, ʻ중요 임무ʼ로 순화하였다.
순화(문화부 발굴 행정 분야 전문 용어 표준화 고시 자료(문화체육관광부 고시 제 2013-9호, 2013년 3월 8일))
▸ ʻ미션ʼ 대신 될 수 있으면 순화한 용어 ʻ임무ʼ, ʻ중요 임무ʼ를 쓰라고 되어 있다. 다만, 용어가 정착될 때까지 병용 또는 병기할 수 있다고 되어 있다.

이처럼 사전에서 국어 순화의 정보를 제공하는 것은 단어의 의미, 사용 환경, 순화 정보 등을 구체적으로 제시할 수 있다는 점에서 효과적이다. 국어사전의 뜻풀이 정보를 바탕으로 상황이나 문맥에 따라 관련 정보를 다양하게 제시할 수 있다.

제2장

공공언어의
교육적 관점

공공언어 사용의 기본이자 핵심은 '원활한 의사소통'에 있다. 그리고 원활한 의사소통의 핵심은 '쉽고 정확하게' 표현하는 것이다. 언어를 쉽고 정확하게 표현하는 것이 모든 언어 사용의 당연한 목표이지 않나 하겠지만, 그렇지 않다. 예를 들어 시의 언어, 정치의 언어, 과학의 언어 등은 쉽고 정확하게 표현하는 것을 우선적 목표로 삼지 않는다. 친교나 사랑의 대화 같은 사적인 언어도 쉽고 정확하게 표현하는 것을 목표로 삼고 있지 않다. 언어 사용에 대한 교육은 이처럼 다양한 영역 혹은 분야에서의 언어 사용 능력, 의사소통 능력을 길러 주는 데 관심을 두고 있다. 그중에서도 공공언어 사용 및 이해 능력은 사회의 일원으로서 성장하는 데 필수적으로 갖추어야 할 능력이다. 따라서 공공언어에서 '교육적 관점을 고려한다'라는 것은 공공언어가 이와 같은 다양한 소통 분야 중 하나임을 인식하고, 그것의 사용 맥락과 소통 방식, 사용 주체 등을 함께 고려해 가며 공공언어의 사용 능력을 향상해 나간다는 것을 의미한다.

이 장에서는 이처럼 언어 교육적 관점에서 공공언어가 어떠한 위치에 있는지, 공공언어 연구와 언어 교육이 어떻게 상호보완적으로 성장할 수 있는지 등을 중심으로 공공언어를 살펴보고자 한다. 구체적으로는, 교육적 관점으로 공공언어를 바라볼 때 고려할 수 있는 점들을 언어 외적 측면과 내적 측면으로 나누어 제시하게 될 것이다. 언어 외적 측면은 언어가 사용되는 배경과 맥락에 관한 부분으로, 공공언어의 생산과 이해에 관여하는 요소들이다. 이를 세분화하면 '언어 사용 영역 및 분야에 대한 이해', '사회적, 문화적 문식성 고려', '소통 매체 및 플랫폼의 특수성 고려'로 나누어 살펴볼 수 있다. 다음으로 언어 내적 측면은 기존 공공언어의 연구 성과들을 교육적 관점에서 바라보고 언어 교육의 방향과 접목하여 상호보완적으로 발전할 수 있는 요소들이다. 여기에서는 '공공언어 생산 주체로서의 문장 구성'과 '분야별 어휘 사용 능력 향상', '언어 규범에 대한 태도 교육 및 인식 제고'를 제안하였다. 이를 그림으로 나타내면 다음과 같다.

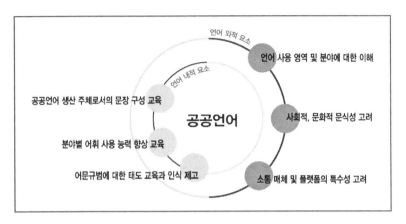

[그림 2] 공공언어와 언어 교육의 상호보완적 발전 방향

사회적 의사소통에서 필수적으로 요구되는 공공언어에 대한 이해는 사회 구성원으로서 다양한 능력을 길러야 하는 학교 교육에서 중요하게 다루어져야 하는 영역이다. '교육'이라는 행위가 '특정 능력의 향상'을 전제하고 있다면 공공언어는 '공공언어의 사용 능력 및 이해(수용) 능력의 향상'을 목표로 하며, 이를 위한 교육적 방향과 내용 마련도 보다 구체화될 필요가 있다. 이 장에서는 이와 같이 공공언어를 교육적 관점에서 바라보고 공공언어와 언어 교육의 상호보완적 발전 방향을 하나씩 짚어 보고자 한다.

언어 외적 요소

'쉽고 정확하게'라는 공공언어의 지침은 한편으로는 매우 어려운 지침이기도 하다. 언어는 매우 다양한 삶의 양태 속에서 생성되고 소통되고 있기 때문에 '쉽다'라는 판단도, '정확하다'라는 판단도 명확한 판단 기준이나 절대적인 판단 기준을 내세우기가 어렵다. 따라서 이러한 판단에 관여하는 언어 외적 맥락을 이해하고 언어의 사용 환경에 따라 유연하게 판단할 수 있어야 궁극적 목표인 '원활한 의사소통'으로 나아갈 수 있을 것이다.

언어 사용 영역 및 분야에 대한 이해

과학 분야에서 사용되는 '힘(power)'과 정치 분야에서 사용되는 '힘(power)'의 의미는 서로 다르다. 우리가 이 의미를 오해하지 않고 이해하는 것은 언어를 그 사용 맥락에서 파악하고 있기 때문이다. 공공 기관에서 사용하는 언어도 마찬가지이다. 공공언어라 하더라도 '쉽고 정확한 문장을 사용한다'와 같은 기준을 모든 분야에 동일하게 적용할 수는 없다. 이렇듯 언어 사용은 그 사용 맥락에 대한 인식이 먼저, 혹은 함께 이루어져야 한다. 다음의 글을 보자.

[그림 3]은 법무부 보도 자료의 일부이다. 이 보도 자료에서 마지막 줄에 사용된 '선의(善意)'는 일상 용어로 사용되는 '착한 마음'이라는 뜻의 '선의'와는 다르다. 한자가 같더라도 법률 용어로 사용될 때에는 '자신의 행위가 법률관계의 발생, 소멸 및 그 효력에 영향을 미치는 사실을 모르는 일'이라는 뜻을 갖는다. 한자 표기까지 동일하지만 이 글에서는 법률적 해석을 위한 보다 전문적인 뜻을 가진 전문 용어로 사용

□ 전자증권제도의 **주요 내용**은 다음과 같습니다.

※ 붙임 설명자료 및 '19. 1. 28.일자 보도자료 참조

① **(개요)** 전자증권제도는 주식 · 사채 등을 전자등록으로 등록하여 증권의 발행 · 유통 및 권리행사가 전면 실물 없이 이루어지도록 하는 제도입니다.

· 전자등록을 하여야 증권에 관한 **권리 취득 · 이전이 가능하며**(효력요건), **신탁재산표시 · 말소**의 경우 **제3자에 대해 대항력을 갖게 됩니다**(대항요건).

· **전자등록계좌부에 등록된 경우 적법하게 증권상의 권리를 갖는 것으로 추정**되고(권리추정력), **선의취득**이 가능합니다.

[그림 3]「주식 · 사채 등의 전자등록에 관한 법률 시행령안」 중 일부

되고 있다. 이에 따라 마지막 문장의 '선의 취득'이란 '제3자가 외관을 신뢰하고 거래한 때에는 비록 양도인이 진정한 소유자가 아니더라도 권리의 취득을 인정하는 것'을 의미하게 된다. 이와 같이 공공언어의 소통은 그 분야에 대한 이해가 전제되어 있어야 하며, 이는 단순히 언어 내적인 문제로 해결할 수 있는 부분이 아니다. [그림 3]의 자료가 만약 일반 대중을 대상으로 제시된다면 이 글의 생산자는 이러한 언어 외적 맥락을 고려하여 '선의'의 법률적 의미에 대해서도 참조할 수 있도록 내용을 보완해야 할 것이다.

"공개를 거부한 정보에 비공개 대상 정보에 해당하는 부분과 공개가 가능한 부분이 혼합되어 있고 공개청구의 취지에 어긋나지 아니하는 범위 안에서 두 부분을 분리할 수 있음을 인정할 수 있을 때에는 청구취지의 변경이 없더라도 공개가 가능한 정보에 관한 부분만의 일부 취소를 명할 수 있고, 공개청구의 취지에 어긋나지 아니하는 범위 안에서 비공개 대상 정보에 해당하는 부분과 공개가 가능한 부분을 분리할 수 있다고 함은, 이 두 부분이 물리적으로 분리 가능한 경우를 의미하는 것이 아니고, 당해 정보의 공개방법과 절차에 비추어 당해 정보에서 비공개대상 정보에 관련된

> 기술 등을 제외 내지 삭제하고 그 나머지 정보만을 공개하는 것이 가능하
> 고 나머지 부분의 정보만으로도 공개의 가치가 있는 경우를 의미한다고
> 해석하여야 한다."(대법원 2004. 12. 9. 선고 2003두12707 판결 등 참조)

위의 글은 행정심판문 중 일부이다. 공공언어의 '용이성' 측면에서 본다면 법률문은 가장 난이도가 높은 공공언어라 할 수 있는데, 공공언어가 '쉽고 간결한' 표현을 목표로 한다고 하여 무조건적으로 쉽고 간결하게 작성하기 가장 어려운 분야가 법률 분야이기도 하다. 심지어 위 글은 하나의 문장으로 이어져 있어 가독성을 떨어뜨리고 있는데 이에 대해 공공언어 감수단의 수정 제안을 보면 아래와 같다.

> "공개를 거부한 정보에 비공개 대상인 부분과 공개가 가능한 부분이 혼
> 합되어 있고 공개 청구의 취지에 어긋나지 아니하는 범위 안에서 두 부분을
> 분리할 수 있음을 인정할 수 있을 때에는 청구 취지를 변경하지 않더라도 공
> 개가 가능한 정보에 관한 부분만을 취소할 수 있다. 이 두 부분을 분리할 수
> 있다는 것은 물리적으로 분리 가능한 경우를 의미하는 것이 아니고, 해당 정
> 보의 공개 방법과 절차에 비추어 보았을 때 해당 정보에서 비공개 대상 정보
> 에 관련된 기술 등을 제외하거나 삭제한 나머지 정보만을 공개하는 것이 가
> 능하고 나머지 부분의 정보만으로도 공개의 가치가 있는 경우를 의미한다
> 고 해석하여야 한다."(대법원 2004. 12. 9. 선고 2003두12707 판결 등 참조).

문장을 쉽고 정확하게 기술하기 위해서는 문장이 간결해야 한다. 하지만 위에 제시한 법률문과 그 개선안에서 볼 수 있듯 법률적 판단이 달라지거나 혼동의 여지를 만들지 않기 위해서는 의도를 해치지 않는 선에서 소통의 수월함을 고려할 수밖에 없다. 이러한 태도나 관점은 교육에서 교육의 주체를 명확히 하고 주체와 소통 맥락에 대한 이해를 바탕으로 언어 소통 능력을 높이고자 하는 관점과 일맥상통한

다. 공공언어는 정부 및 각 부처, 지자체 등 공공 기관이 언어 생산의 주체가 되고 대중이 수용자가 되어 소통이 이루어지는 경우가 대부분이다. 따라서 공공언어 생산자는 각 부처의 특수한 분야, 영역에 대해 대중이 이해할 수 있도록 글을 구성하거나 혹은 이에 대해 설명할 수 있는 방안을 함께 마련해야 한다. 그리고 수용자 역시 생산된 공공언어를 자의적인 배경에서 이해하지 않도록 경계하면서 어떠한 분야·기관에서, 어떠한 맥락에서, 누구를 대상으로 생산·수용한 언어인가에 대한 이해를 통해 언어를 마주하려는 태도를 지닐 필요가 있다.

사회적, 문화적 문식성 고려

그간의 공공언어 연구에서는 언어를 쉽고 정확하게 표현하기 위한 방법으로, 현재 잘 사용하지 않는 한자어나 낯선 외래어를 우리말로 바꾸어 표기하는 것을 권장해 왔다. 대중을 향한 공공성을 유지하고 우리말을 보존하기 위해서 이러한 방향성이 기본적으로 유지되어야 함은 마땅하다. 하지만 공공언어라 하더라도 때로는 특수한 사회적 상황 혹은 문화적 특수성을 고려해야 하는 국면이 있고, 그에 대해 유연한 자세를 취해야 할 때도 있다. 예를 들어, 세계적인 전염병인 '코로나19'의 경우 정확한 명칭은 'Coronavirus disease 2019'로 외국에서는 이를 줄여서 'COVID-19'로 칭하고 있다. 이를 우리말로 하면 '코로나바이러스감염증-19'이지만 소통의 편의를 위해 우리나라에서는 '코로나19'로 표기하고 있다.

[그림 4] 공공 기관의 '코로나바이러스감염증-19'의 표기

　이는 언어가 소통되는 사회·문화적 상황, 언어에 대한 대중의 인식을 보다 적극적으로 언어 생산과 수용에 고려하고자 하는 태도이다. 공공 기관의 이러한 태도는 대중인 국민에게 조금 더 친근하게 다가가고 대중의 적극적인 참여를 이끌어 내기에 적절하다.

　공공언어에서 사회·문화적 상황을 고려해야 하는 국면은 매우 다양한데, 요즘 급속하게 늘어가는 다문화 가정을 위한 제도 혹은 복지와 관련한 공공언어 사용의 국면에서도 이러한 측면은 중요한 고려 사항이 된다. 다음은 다문화 가정의 아이들의 학교 입학을 위한 설명 자료이다.

>> **한국의 교육체제**

한국 교육은 유치원 – 초등학교 – 중학교 – 고등학교 – 대학교로 구성됩니다. 초등학교(6년), 중학교(3년)는
의무교육에 해당합니다. 의무교육 기간에는 자녀가 무상으로 교육을 받을 수 있습니다. 단, 자녀를 사립
초등학교와 사립 특성화중학교(예술중, 체육중, 국제중 등)에 보낼 경우 교육비를 내야합니다.

학교제도		연령(만)	학교	기간	교육비
유아교육		3~5세	어린이집·유치원	2~3년	있음/없음
초등교육	의무교육	6~11세	초등학교	6년	있음/없음
중등교육	의무교육	12~14세	중학교	3년	있음/없음
	–	15~17세	고등학교	3년	있음
고등교육		18세 이상	대학교 전문대학	대학교(4년) 전문대학(2~3년)	있음
			대학원	2~5년	있음

✎ TIPS

교무실
선생님들이 학교 업무를 보거나 수업을 준비하는 곳입니다.
선생님과 연락을 원할 경우나 자녀의 학교생활에 대해 궁금한 점이 있을 때에는 교무실로 문의하세요.

행정실
학교의 행정과 관련된 일을 하는 곳입니다.
자녀의 급식비를 비롯하여 각종 행사참여비나 스쿨뱅킹[1]과 관련하여 궁금한 점이 있을 때에는 행정실로 문의하세요.

1) 학교에 내야 하는 각종 납부금을 학부모 계좌에서 학교 계좌로 자동이체 하는 시스템

[그림 5] 중앙다문화교육센터, '우리 아이 학교 보내기' 자료

[그림 5]의 자료는 한국어에 익숙하지 않은 다문화 가정을 위해 '교무실', '행정실' 등의 단어를 쉽게 풀어 쓰고, 교무실과 행정실에 문의할 수 있는 사항을 같이 기입하여 한국의 교육 체계를 잘 모를 수 있는 수용자에게 도움을 주는 자료이다. '쉽게'라는 공공언어의 기준이 언어 해당 지역의 상황과 수용자의 사회·문화적 배경을 고려하고 있는 예이다. 다음 자료를 보자.

해운대구다가센터_국적취득 면접대비를 위한 자조활동 "Welcome to korea" 안내(한국어, 베트남어)

부서명 : 여성가족과 전화번호 : 051-888-1544

작성자 : 한지혜 작성일 : 2022-08-26 조회수 : 122

해운대구다문화가족지원센터
국적취득 면접대비를 위한 자조활동 "Welcome to korea: 웰컴 투 코리아" 안내

◈ 모집기간: 연중상시모집

◈ 모집대상: 국적취득 원하는 센터회원 (총 9명 모집)
(소수인원제 각 반별 3명/ 귀화서류 신청자 또는 한국어 3급 이상 우선)

◈ 활동기간 2022 9월 14일 – 12월 24일

◈ 활동일시: 수요일 10:00~12:00 (A반) / 센터(대면)
목요일 14:00~16:00 (B반) / 온라인 (비대면)
토요일 13:00~15:00 (C반) / 온라인 (비대면)

◈ 내용: 역사, 정치, 문화, 국어 등 면접시험 관련 교육

◈ 장소: 센터 및 각 대상가정 (웨일온으로 통한 온라인교육)

◈ 센터문의 이중언어 코치 최영서 ☎ 051-702-8002

Trung Tâm Hỗ Trợ Gia Đình Đa Văn Hóa Quận Haeundae
Thông Báo Hoạt Động Hợp Nhóm Tự Giác Về Thi Quốc Tich
"Chào mừng đến với Korea"

◈ Thời gian chiêu mộ: Chiêu mộ thường xuyên trong năm.

◈ Đối tượng chiêu mộ: Thành viên trong trung tâm muốn được thi nhập quốc tich (chiêu mộ tổng 9 người)
(Theo chế độ ít người, mỗi lớp 3 người / Người đăng kí hồ sơ nhập tich hoặc là người có bằng tiếng Hàn từ cấp 3 trở lên)

◈ Thời Hạn hoạt động: Từ ngày 14 tháng 9 - ngày 24 tháng 12 năm 2022

◈ Ngày giờ hoạt động: Thứ 4 10:00~12:00 (Lớp A)/ Trung tâm (trực diện)
Thứ 5 14:00-16:00 (Lớp B)/ Trực tuyến (không trực diện)
Thứ 7 13:00-15:00 (Lớp C)/ Trực tuyến (không trực diện)

◈ Địa điểm: tại trung tâm và tại gia đình từng đối tượng (Giáo dục trực tuyến bằng Whaleon)

◈ Thắc mắc: Gọi đến trung tâm, người phụ trách đào tạo song ngữ Choi Yeong Seo ☎ 051-702-8002

출처: 부산광역시 누리집(https://www.busan.go.kr/depart/family0408)

[그림 6] 부산시 누리집, 국적 취득 관련 안내문

[그림 6]의 자료는 부산시 누리집에 게시한 안내문이다. 부산시에 거주하고 있는 외국인은 현재 베트남인이 33% 정도로 가장 높은 비율을 차지하고 있다. 이에 따라 부산시에서는 [그림 6]과 같은 안내문을 베트남어로 번역하여 함께 제시해 주고 있다.

공공언어에서 사회적 · 문화적 상황이나 배경을 고려하여 언어를

생산하고 수용한다는 것은 세계적인 상황 속에서 우리나라의 특수성을 고려하는 것에서부터, 나라 안에 함께 살고 있는 다양한 문화적 배경의 국민들을 다층적으로 고려하여 소통하는 것을 뜻한다. 특히 문화권이 다른 곳에서 이주해 온 경우, 자문화에 기대어 내용을 이해할 수밖에 없기 때문에 언어 사용에 더욱 신중을 기해야 한다. 또한, 한 나라 안에서 지역 방언만 고려하더라도 지역별로 사용하는 어휘부터 표현까지 서로 다른 언어 사용의 모습을 드러낸다. 언어가 사회·문화적 배경에 기대어 해석될 수밖에 없다는 점을 고려한다면 이러한 부분은 앞으로 더욱 적극적으로 고려해야 할 요소라 할 수 있다.

소통 매체 및 플랫폼의 특수성 고려

공공언어에 대한 본격적인 연구는 2009년 국립국어원에 공공언어 사업단이 설치된 이후부터라고 할 수 있다. 이후 민현식(2010)에서는 공공언어를 공공문어와 공공구어로 나누어 제시하였는데, 이는 당시 공문서 등 공공문어만을 대상으로 하던 공공언어 연구가 '정책 브리핑', '기자 회견', '방송 언어' 등 공공구어로 확장되었음을 보여 준다. 그러나 이제는 여기에서 한 걸음 더 나아가 조금 더 다양한 매체, 다양한 플랫폼에서 유통되는 언어로서 공공언어에 접근할 필요가 있다.

[그림 7] 서울시교육청 누리집의 소통 창구들

[그림 7]은 '서울시교육청' 누리집 첫 화면에 띄워져 있는 배너 (banner)이다. 서울시교육청의 홍보 및 안내 사항들은 위와 같이 다양한 채널을 통해 소통되고 있다는 것을 알 수 있다. 각 온라인 채널들은 각각의 플랫폼의 특성상 서로 다른 언어 사용 양상을 보이는데, 영상 위주의 소통이 이루어지는 유튜브와 게시판 형태의 블로그에서의 언어가 다르고, 사진이나 매우 짧은 영상을 위주로 하고 있는 인스타그램이나 페이스북 역시 기존 공공문어나 공공구어와는 또 다른 언어 사용의 모습을 보인다. 또한 사용자의 연령층과 같이 언어를 사용하고 이해하는 주체의 특성도 플랫폼마다 차이를 보이고 있다.

[그림 8]은 질병관리청에서 작성한 '동절기 코로나19 추가 접종 시작' 보도 자료와 인스타그램 게시글이다. 보도 자료에서는 코로나19 추가 접종 대상자의 종류(일반 국민, 면역 저하자, 감염 취약 시설)에 따라 세부적인 접종 방법에 대해 안내하고 있으나, 인스타그램 게시글에서는 2가 백신이 기존 백신보다 1.69배 높은 예방 효과를 보인다는 점을 강조하여 추가 접종을 독려하고 있다. 또 보도 자료는 문어 텍스트의 기존 방식대로 일의 경과나 배경을 먼저 제시하고 구체적인 참여 방법 및 당부 등으로 끝을 맺는 서술 방식을 택하고 있다. 그러나 인스타그램은 사진이나 그림 등 시각 자료 위주이기 때문에 표나 그래프 방식으로 내용을 제시하며, 구독자들을 대상으로 '말하는(구어체)' 방식을 사용하고 있다. 또한 간단한 표 형식으로 내용을 제시해야 하기 때문에 명사형으로 문장을 끝맺는 방식을 취하고 있다.

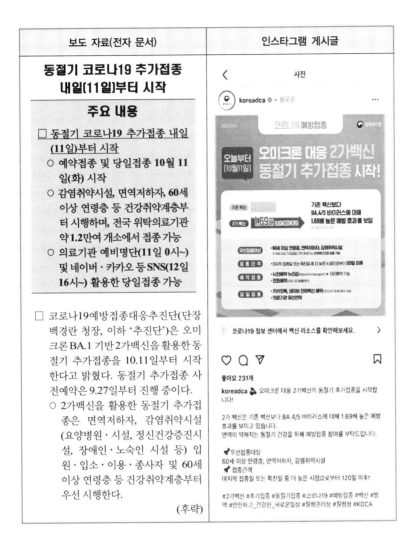

[그림 8] 질병관리청 '동절기 코로나19 추가 접종 시작' 보도 자료 및 인스타그램 게시글

이처럼 동일한 내용을 다룬다 하더라도 소통 매체가 무엇이냐에 따라, 또 매체의 주된 사용자의 특성에 따라 텍스트 구성 및 문장, 어휘의 사용이 달라질 수 있다. 독자 역시 이러한 부분에서의 소통 능력을 향

상하기 위해서는 매체에 따른 문식성 훈련이 이루어질 필요가 있다. 최근 민현식(2021)에서는 시간언어, 공간언어 등 공공언어의 발현 양상을 보다 확장하여 제시하였는데 이는 다양화된 소통 채널을 고려할 때 주목할 만한 부분이다. 국어 교육에서는 매체언어, 매체 문식성에 대한 논의가 지속되어 오고 있다. 공공언어의 다양한 소통 채널을 고려한다면 공공언어에 대한 연구들 역시 이러한 관점을 도입해야 한다. 동시에 교육의 장에서도 실제적인 소통의 장에서 공공언어에 대한 인식 수준을 끌어올리기 위해 학습 내용을 보다 적극적으로 마련해야 할 것이다.

언어 내적 요소

텍스트, 문장, 어휘 등 언어 내적 요소들에 있어 공공언어를 교육적으로 바라보고 그 방향성을 고민한다고 할 때, 우리는 '공공언어의 생산 주체의 변화'에 보다 주목할 필요가 있다. 교육은 오래전부터 학습자의 주체적인 지식 구성에 관심을 두어 왔다. 학습자는 정·오가 정해져 있는 지식을 수동적으로 받아들이는 것이 아니라, 사회 현상에 관심을 갖고 주체적으로 문제를 해결하기 위해 다양한 정보를 스스로 찾고 탐구하며 지식을 구성해 나간다. 물론 이 과정에서 보편적으로 수용되는 지식의 구조들을 학습해 나가며 타인과의 소통 능력도 기르는 것이 언어 교육의 목표이다.

이러한 관점은 최근 변화하고 있는 공공 분야에서의 소통 방식과도 맞물린다. 앞서 살펴보았듯 공공언어는 소통 매체의 다양화를 통해 그 생산 주체에도 변화를 맞이하고 있다. 일방향성을 띠던 공공언어의 생산자에 점차 일반 대중이 참여하기 시작하였으며, 개인은 유튜브, 인스타그램, 페이스북, 트위터 등 다양한 매체를 통해 공공의 공간에서 대중을 상대로 하는 언어 생산 행위에 보다 적극적으로 참여하고 있다. 따라서 이제는 공공언어 분야에서 기존에 '수용자'에 머물렀던 대중이 언어 생산 주체로서의 책임감과 역할을 고려해야 할 때인 것이다. 여기에서는 이러한 관점에서 공공언어의 언어 내적 요소들이 언어 교육과 어떻게 맞물려 상호보완적으로 발전할 수 있을지를 탐색해 보고자 한다.

공공언어 생산 주체로서의 문장 구성

공공언어에 대한 연구는 보도 자료나 기사 등 공공문어에 대한 연구로부터 출발하였다. 따라서 그간 국립국어원을 중심으로 진행된 공공언어 연구에서 언어 내적 요소, 즉 문장 단위의 표기·표현에 대한 연구는 그 성과를 꽤 많이 축적해 왔다고 볼 수 있다. 연구 성과와 관련하여 국립국어원에서는 공공언어 감수자 양성을 위해 '공공언어 감수 전문가 양성을 위한 지침서'를 마련하였는데, 여기에서 제시한 '공공언어의 문장'에 관한 내용은 다음과 같이 요약된다.

1. 문장을 어법에 맞도록 수정한다.
   1) 호응: 주어와 서술어의 호응, 목적어와 서술어의 호응, 수식어와 피수식어의 호응 등
   2) 어순: 한국어 문장의 자연스러운 어순, 수식어와 피수식어, 문장의 중의성 해소 등
   3) 높임: 어미와 어휘 높임의 적절성, 과도한 높임 표현 경계 등
   4) 시제: 행위와 시제 일치, 일의 선후 관계 등

5) 접속: 선행절과 후행절의 호응 및 적절성 판단 등
6) 조사: 잦은 조사 생략 문제, 조사를 통한 의미 정확성 향상 등
7) 어미: 높임, 시제, 접속 등과 관련한 어미 사용의 오류 등
8) 중복표현: 잉여 표현, 이중피동 등

2. 문장을 우리말답게 수정한다.
 - 과도한 피 · 사동 표현, 번역 투, 지나친 수식, 명사 나열 문제 등

3. 문장을 적절한 길이로 다듬는다.
 - 간결하고 명료하게, 의미 전달의 논리성, 정확성 등

〈표 2〉 '공공언어의 문장' 감수 지침 내용 요약

이와 같은 감수 지침은 현재 공공언어를 사용하고 있는 공공 기관의 보도 자료나 기사문, 방송 언어, 교과서 편찬 등의 감수 지침으로 활용되고 있다. 그 내용을 보면 국어학의 연구 성과 중 대중의 언어생활과 긴밀하게 연관된 부분을 중심으로 감수 내용이 마련되고 있음을 알 수 있다. 이는 국어 교육, 그중에서도 문법 교육의 교육 내용과 매우 유사한데, 특히 주목할 만한 것은 언어의 '사용'이 기존 교육 내용보다 강조되고 있다는 점이다. 기존 문법 교육에서는 국어학의 학문적 연구 체계를 그대로 수용하여 언어의 체계를 이루는 각 분야를 유사한 비중으로 다루어 왔다. 이에 비해 해당 지침은 '언어 사용'의 국면에서 주된 오류가 나타나는 부분들에 주목하고 이를 강조하는 방향으로 구성되었기 때문에 현재 언어 주체로서 교육 내용을 구성하고자 하는 교육의 흐름에서 참조할 수 있는 부분이 많다.

구성주의가 교육의 기본 철학이자 관점으로 도입된 이래 문법 교육은 학습자를 문장 생성, 문장 구성의 주체로서 자리매김하기 위해 노력하고 있다. 이러한 관점에서 그간의 공공언어 연구 성과는 매우 유

용해 보인다. 앞서 살펴보았듯 다양한 소통 매체의 발달을 통해 국민, 대중은 이미 공공언어의 생산자로도 자리매김하고 있다. 여기에 공공언어 '감수'를 넘어서서 공공언어 '생산자'로서의 관점을 추가적으로 고려한다면 언어 사용 주체로서 대중을 교육하고 기본 소양으로서 공공언어 사용 능력을 길러 주는 데 매우 유용할 수 있을 것이다. 다음의 글을 보자.

출처: 송파구 블로그(https://blog.naver.com/happysongpa/222758201430)

[그림 9] 송파구청의 '블로그 기자단'의 글

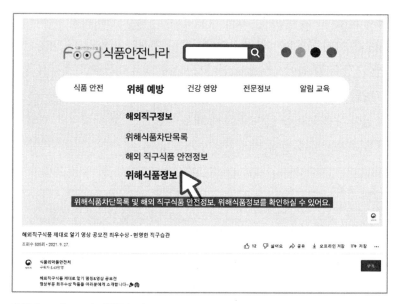

[그림 10] 식품의약품안전처, 〈해외직구식품 바로 알기 영상 공모전 수상작–현명한 직구 습관〉

[그림 9]는 송파구의 블로그 기자단이 '송파구의 아이디어 제안' 제도를 홍보하고 있는 글이다. 온라인상에서 이와 같은 시민 기자단의 활동은 매우 활발하고, 이는 블로그라는 공간 외에 페이스북이나 인스타그램 등 다양한 플랫폼을 통해 이루어지고 있다. [그림 10]은 해외 직구 식품에 대한 영상 공모전의 수상작으로 시민이 참여하여 공공 게시판을 통해 홍보용으로 사용되었다. 공공언어의 수용자에 머물렀던 일반 대중이 공공언어 생산자로 적극 참여하고 있는 것이다.

공공언어의 생산자로서의 관점 전환은 이전의 문장 구성 교육 내용과 맞물려 공공언어 연구의 새로운 국면을 만들 수 있을 것으로 기대된다. 공공언어에 대한 연구를 토대로 공적인 공간에서 쉽고 정갈하게, 정확하고 적절하게 문장을 생성해 낼 수 있는 언어 주체를 길러내는 것 또한 공공언어와 언어 교육의 유의미한 접점이 될 수 있을 것이다.

분야별 어휘 사용 능력 향상 교육

교육에서 '어휘'는 '어휘력 향상'을 목표로 한다. 이때 어휘력이라는 것은 '이해 어휘'와 '표현 어휘' 차원에서 다르게 접근할 수 있다. 공공언어 사용이라는 국면에서 대중은 각 기관의 특수성을 이해하고, 해당 분야의 용어들을 더 많이 습득하여 텍스트의 이해를 높일 수 있도록 '이해 어휘력'을 기르는 것이 소통에 도움이 될 수 있다. 그러나 앞서 살펴보았듯 대중이 공공언어 생산에 보다 적극적으로 참여하는 주체가 되는 국면에서는 공공언어로서 사용되는 어휘들이 이제 이해 어휘를 넘어 표현 어휘 목록으로 전환되어야 한다.

공공언어 연구에서 어휘 분야는 '낯선 한자어와 외국어'의 우리말 순화 작업이 많은 부분을 차지해 왔다. 언어 순화라는 언어 정책적 측면에서도 '공공언어'가 이를 모범적으로 이끌 수 있도록 다듬어져야 한다는 의식이 공공언어를 대하는 태도 전반에 깔려 있기 때문이다. 그러나 대중이 공공언어 생산의 참여자가 되면 대중의 언어 사용과 공공언어의 언어 사용 사이의 간극이 좁아질 수밖에 없다. 따라서 언어 순화의 국면에서도 대중의 언어에 더욱 관심을 가지고 그 기준을 마련할 수밖에 없다. 다음 예를 보자.

▲ 여성어업인의 삶의 질 향상 지원

출산으로 어업활동을 하기 어려운 여성 어업인의 일-가정 양립을 지원하기 위해 '어가(漁家) 도우미 지원 사업'의 대상 및 기간을 확대해 나간다. 올해부터는 '임신 1개월 이상 임신부'에서 '출산 3개월 이내의 산모'에까지 어가 도우미 지원 대상이 확대되고, 도우미 파견 기간도 종전의 '10일 이내'에서 '60일 이내'로 대폭 확대된다. 장기적으로는 여성 어업인이 여성 어업인 역량 강화를 위한 교육을 받는 경우에도 어가 도우미 제도를 활용할 수 있도록 도우미 파견 범위를 더욱 확대해나갈 계획이다.

위 글은 해양수산부의 보도 자료 중 일부이다. 해당 보도 자료에서 '어가(漁家) 도우미'란 '영어(營漁) 도우미'의 순화어로, '영어 도우미' 는 본래 '어업인이 사고나 질병 등으로 어업 활동에 나서기 힘든 경우, 이를 대신하여 작업하는 사람'이라는 의미로 사용되어 온 용어이다. 그러나 해양수산부는 2017년부터 해양수산 분야 전문 용어를 순화하면서 이를 '어가 도우미'로 순화하여 사용하고 있다. 이는 언어 순화를 통해 일반 대중과의 소통을 보다 원활하게 한 사례라 할 수 있다. 반면에 언어 순화의 결과가 대중의 언어와 괴리감을 느끼게 하는 경우도 있다.

❷ 전자상거래 활성화에 따른 **택배 시장 급성장**('18, 25.4억 박스)에 대응하여, 「**생활물류서비스법**」을 제정하고 **신규 증차, 투자지원** 등을 통해 **택배·늘찬배달**(퀵·이륜차) **산업 발전**을 본격화한다. **종사자 및 소비자 보호**를 위한 **사업자 책임**도 강화할 계획이다.

▪ '20년 '**화물차안전운임**' 시행에 대비하여 원가조사와 **충분한 업계 협의**를 거쳐 **컨테이너·시멘트**에 대한 안전운임을 공표('19.10)한다.

위 자료는 2019년 국토교통부 업무 계획 보도 자료 중 일부이다. 여기에서 사용된 '늘찬배달'은 '퀵서비스'의 순화어이지만 대중들이 직관적으로 이해하기 어려워서 일반적으로 잘 쓰이지 않는 순화어이다. 언어 순화 정책은 나름의 의미가 있고, 순화의 관점에서 보면 이러한 언어 순화 작업은 한국어의 보존과 발전에 기여하는 바가 크다. 그러나 공공언어가 이러한 순화어를 모두 사용할 필요가 있는가 하는 문제는 별개로 다루어져야 한다. 더군다나 일반 대중의 참여를 이끌어야 하는 맥락이라면 보다 소통이 용이하고 참여가 쉬운 방향으로 언어를 유연하게, 선택적으로 사용하는 자세도 필요하다.

언어 순화 외에도 공공언어의 어휘 영역 중 차별적 어휘에 대한 언어 감수성을 기르는 문제나, 방언 사용을 통한 대중의 참여 확대 및 어휘의 다양성 제고 등 공공언어의 성과를 바탕으로 언어 교육과의 접점을 찾아내고 상호 보완·발전하는 방향의 논의는 앞으로 많은 부분이 제안될 수 있을 것이다.

어문 규범에 대한 태도 교육과 인식 제고

다양한 언어적 배경을 가진 언중들에게 공적인 의사소통을 하기 위해서는 일정한 언어 사용 기준이 필요하다. 공공언어에 대한 연구 및 감수 활동 역시 이러한 차원에서 접근하다 보니 '표기법'과 관련한 오류 수정 작업이 주를 이루어 오게 되었다. 이러한 노력들은 소통의 문제를 해결하고 언어적 차별이나 소외의 문제를 해결하는 긍정적인 결과를 가져오기도 했지만, 한편으로는 어문 규범 적용이 지나치게 까다롭다거나 보수적이라고 느끼게 하는 원인이 되기도 하였다. 대중의 이러한 시선은 어문 규범 교육 영역에도 시사하는 바가 크다.

어문 규범은 [그림 11]과 같이 언어의 보존과 사용을 고려하면서,

언중의 다양한 요구사항에 대해 합의를 도출할 수 있는 어느 지점에서 결정되는 사회적 합의의 결과물이다. 따라서 어문 규범은 보수적이면서도 유동적이며, 학문적이면서도 실용적이다.

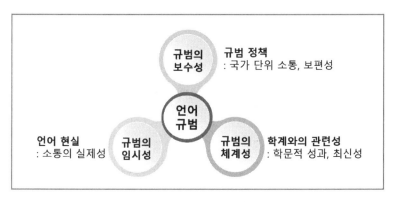

[그림 11] 언어 규범의 속성(이지수 2019: 164)

공공언어 연구가 이러한 언어 규범의 본질적인 특성을 전제로 이루어지고 있음에도 언중이 규범 적용에 대해 불편한 시선을 갖게 되는 것은 현재 규범 교육에도 그 원인이 있다 할 수 있다. 규범 교육은 표기법에 따른 정·오를 판단하기에 앞서 위와 같은 언어 규범의 속성을 이해하고 인식하는 교육이 선행되어야 한다. 더군다나 다양한 플랫폼을 통해 대중이 공공언어의 생산자로 참여하게 되면서 이러한 인식은 더 중요해지고 있다. 다음을 보자.

[그림 12] 산림청 트위터(twitter) 게시글

위의 두 사례는 모두 공공 기관에서 홍보용으로 작성한 게시글이다. 트위터의 특성상 #이 붙어 있는 태그 형식의 표현들이 문장 중간중간 삽입되고, '많.관.부'와 같이 전자 문서나 공문서 등에서 잘 사용되지 않는 줄임 표현이 들어가 있다. 검색의 용이성을 위해 태그는 의도적으로 붙여쓰기를 하고 있음도 쉽게 확인할 수 있다.

규범의 속성을 이해하는 것은 언어 규범에 맞게 표기해야 하는 맥락과 소통의 용이성을 위해 의도적으로 규범에 맞지 않는 표기를 사용할 부분을 판단할 수 있도록 해 준다. 또한, 언어 규범이 표현을 제한하는 엄격한 잣대가 아니라 대중의 언어적 합의를 보여주는 기준으로서, 궁극적으로는 보다 원활한 소통에 기여하고자 한다는 점을 깨닫는 것이다. 대중이 소통 창구가 되는 플랫폼의 특성을 파악하고 각각의 특성에 맞도록 언어 규범을 융통성 있게 자유자재로 적용할 수 있는 능력을 갖추게 된다면 그것은 오히려 어문 규범의 특성을 더 잘 이해하고 활용하는 것이라 볼 수 있다.

언어는 변하고 있고, 고정된 규칙으로 언어 표현의 모든 측면을 판단하거나 제한할 수는 없다. 어문 규범 역시 이러한 언어의 특성을 반영하며 변화하고 있고 공공언어의 사용에서도 이러한 언어 규범의 속성을 이해하고 유연하게 접근할 필요가 있다. 때로는 언어 현실, 소통의 실제성을 위해 규범의 '임시적' 특성에 조금 더 기울 수도 있고, 때로는 국가 단위의 엄중한 문제를 오해 없이 전달하기 위해 표기법 및 언어 순화의 기준을 보다 엄격하게 적용할 수도 있다. 이것이 규범에 대한 인식 제고의 태도로서 언어 교육에서도 보다 비중 있게 다루어질 수 있기를 기대해 본다.

제2부

언어 감수성을 고려하여
표현하기

제1장

차별 없는 말

공공언어에서는 성별, 지역, 연령, 인종, 국가, 장애 등에 대한 차별적 표현을 사용하지 않도록 주의해야 한다. 누군가에게 상처를 주거나 거부감이 들게 할 수 있고, 대중에게 차별적 인식을 심어줄 우려가 있기 때문이다. 최근에는 사회적으로 차별적 표현에 대한 의식 수준이 높아졌기 때문에 공공언어에서 차별적인 표현은 거의 찾아보기 힘들게 되었다. 다만 아직까지 발견되는 사례가 종종 있으므로 공공언어 작성에서 다시 한번 주의를 기울일 필요가 있다.

차별이 될 수 있는 표현에 세심하게 주의 기울이기

의도 없이 쓴 사소한 언어 표현도 어느 집단이나 사람에게는 차별을 드러내는 말이 될 수 있다. 따라서 언어 표현을 세심하게 주의를 기울이며 다시 한번 살펴볼 필요가 있다.

> 뇌 병변 1급 중증 장애인으로 태어날 때부터 장애를 앓았다.
> → 뇌 병변 1급 중증 장애인으로 태어날 때부터 장애가 있었다.

예를 들어 위의 문장에서 '장애를 앓다'는 표현은 흔히 사용하기 쉬운 표현이지만 이때 '앓다'라는 서술어를 사용함으로써 '장애'를 질병처럼 표현하고 있다. 이는 장애가 있는 사람을 곧 환자로 간주하는 것처럼 여겨질 수 있으므로 좀 더 중립적으로 표현할 필요가 있다. 장애가 있는 사람을 자칫 질병이 있는 환자로 몰아가는 표현이 될 수 있기 때문이다. 이처럼 차별 없는 언어 표현을 위해서는 흔한 표현도 다시 한번 세심하게 살펴보아야 한다.

특히 장애가 있는 사람을 지칭하는 표현으로 '장애자', '장애우', '장애인' 등이 있는데 이 중 적절한 표현은 무엇일까? '장애자'란 용어는 한자어 '놈 자(者)'에 대한 거부감 때문에 잘 선호되지 않는다. 대신 1989년 「장애인 복지법」이 제정되면서부터 법적 용어로 '장애인'이 주된 용어로 대체된 바 있다. 한편 '장애우'는 친근한 어감을 위해 한자어 '벗 우(友)'를 포함한 것이지만, 2008년 사단법인 한국장애인단체총연합회에서는 <'장애우'라는 용어를 사용하지 말 것을 경고한다>는 성명서를 발표한 바 있다. 성명서에서 '장애우'라는 용어는 장애인을 친구가 필요하고 도움이 필요한 대상자로 전락시킨다는 점에서 부적절하며, 일반 용어에서 동년배가 아닌 대상에게 친구라는 용어를 붙이는 것은 통상적이지 않다는 점을 호소하며 '장애우'를 배제하고자 하였다. 이에 따라 현재 가치 중립적인 용어는 '장애인'으로 정착되었다.

　장애인먼저실천운동본부에서 권장하고 있는 장애와 관련한 몇 가지 표현을 제시하면 다음과 같다.

과거 용어	비하 용어	자제 용어	바른 용어
–	정상인	일반인	비장애인
장애자 · 심신장애자	애자 · 불구자 · 병신 · 불구	장애우	장애인
맹인	애꾸눈 · 외눈박이	장님 · 소경 · 봉사	시각장애인
–	귀머거리		청각장애인
–	말더듬이 · 벙어리		언어장애인
–	언청이		안면장애인
정신지체인 · 정신박약자	백치 · 저능아		지적장애인

지체부자유자	찐따 · 절름발이 · 앉은뱅이 · 불구자 · 꼽추		지체장애인
간질장애인			뇌전증장애인

출처: 장애인먼저실천운동본부(2019), "장애관련 올바른 용어 가이드라인"

한편 아래의 예시에서 '노인'을 꾸미는 수식어로 '인지능력이 떨어지는'을 쓴 것은 노인에 대한 잘못된 편견을 심어줄 수 있어 적절하지 않다. 노인 모두가 인지능력이 떨어지는 집단이라고 특징짓게 하는 표현이기 때문이다. 한편 '노인'은 만 65세 이상의 연령층을 가리키는 법적 · 행정적 용어이나, 신체적으로 늙은 사람이라는 부정적인 뜻을 내포하므로 '어르신' 등으로 적절하게 대체하여 사용할 필요가 있다.

인지능력이 떨어지는 노인을 대상으로 한 사기 범죄가 늘고 있다.
→ 어르신을 대상으로 한 사기 범죄가 늘고 있다.

사회적으로 '노인'을 지칭하는 표현에는 '어르신, 시니어, 고령자' 등 다양한 말들이 있다. '노인복지법, 노인복지관' 등 만 65세 이상 연령층을 가리킬 때 쓰이는 법적 · 행정적 용어는 '노인'이다. 그런데 '노인(老人)'은 문자 그대로 신체적으로 늙은 사람이라는 뜻을 담고 있어 때에 따라 부정적인 뜻을 함의하는 용어가 되기도 한다. 이 때문에 서울시는 2012년 공모를 거쳐 노인이라는 용어를 '어르신'으로 바꾸기도 했다. 보건복지부에서도 해당 연령자를 직접 부를 때나 어떤 혜택을 줄 때 주로 '어르신'이라는 용어를 쓰고 있다. 그러나 '어르신'은 고령층을 너무 높이는 표현이어서 도리어 불편하다고 느끼는 사람들도 있다. 이는 하나의 지칭어에 대해서 집단마다, 개인마다 얼마나 다르게 느끼는가를 고려하여 세심하게 언어 표현을 사용해야 한다는 것을 보여준다.

한편 중립적인 용어로 '시니어(senior)' 또는 '고령자'라는 용어도 많이 쓰인다. 시니어는 활동적인 고령층을 가리킬 때 주로 쓰이고, 고령자는 나이만을 객관적으로 따질 때 주로 쓰인다. 우리나라의 고용노동부 등에서 연령만을 따질 때 고령자라는 용어를 주로 쓰며, 사회적 배경은 다르지만 일본의 법·제도에서도 노인 대신 고령자를 주로 쓴다고 한다. 따라서 상황에 따라 '노인, 어르신, 시니어, 고령자'라는 용어를 적절하게 구분하여 사용할 필요가 있다.

문맥상 필요 없는 인적 정보 삭제하기

차별적 표현에는 문맥상 표현하지 않아도 되는 학력, 성별, 나이 등 불필요한 인적 정보를 과도하게 제시하는 경우도 포함된다. 인적 정보를 과도하게 제시함으로써 해당 부류의 집단에 차별적 인식을 심어줄 수 있기 때문이다.

> ○○○ 대표가 <u>여직원 성추행 사건</u>으로 자리에서 물러났다.
> → ○○○ 대표가 <u>성추행 사건</u>으로 자리에서 물러났다.

예를 들어 위의 예시에서 피해자의 성별 정보는 불필요하다. 이 내용에서 전달에 필요한 중요한 부분은 대표가 성추행 사건으로 자리에서 물러나게 되었다는 사실이므로 '성별'은 제시될 필요가 없는 것이다. 성별을 제시함으로써 불필요하게 성추행 사건의 피의자와 피해자의 성별에 대한 편견을 심어 줄 수 있으므로 성별 등의 민감한 인적 정보는 제시하지 않는 것이 가장 좋다.

고압적 표현 삼가기

공공언어는 국민에게 전달되는 언어이므로, 수신자인 국민의 입장에서 불편함을 느끼거나 거부감이 들지 않도록 주의해서 사용할 필요가 있다. 특히 공문서에 명령형의 고압적 표현이 지나치게 사용된다면 독자는 거부감을 느낄 수 있다. 또한 공문서를 읽는 국민이 딱딱하고 어려운 행정 문서의 내용을 되도록 편안하게 읽고 받아들일 수 있도록 표현을 정돈하는 것이 좋다.

명령형 '~을 것'보다 '~하세요' 등으로 완곡하게 표현하기

공고문이나 안내문 등에서 '~을 것'의 표현이 흔히 쓰이고 있는데, '~을 것'은 명령형이므로 독자에게 고압적으로 느껴질 수 있다. 공문서는 국민에게 정확하고 명료하게 정보를 전달하는 것이 궁극적인 목적이므로 굳이 고압적인 표현을 쓸 필요가 없을 것이다. 독자가 해당 내용을 잘 이해하고 받아들일 수 있도록 정중한 문체로 표현하는 것이 가장 좋기 때문이다. 따라서 '~을 것'의 표현은 문맥에 따라 적절하게 '~어야 함' 또는 '~하세요'로 완곡하게 표현하는 것이 좋다.

> 임의대로 용량을 조절하거나 의사와 상의 없이 투약을 중단하지 말 것
> → 임의로 용량을 조절하거나 의사와 상의 없이 투약을 중단하지 마세요.

> 지원서에는 경력 증명서의 근무 기간과 동일하게 경력 기간을 기재할 것

→ 지원서에는 경력 증명서의 근무 기간과 동일하게 경력 기간을 <u>기재하여야 함./기재하여야 합니다.</u>

예를 들어 '중단하지 말 것'보다는 '중단하지 마세요.'로 완곡하고 정중한 문체로 표현하거나, '기재할 것'보다는 '기재하여야 함.' 또는 '기재하여야 합니다.'로 의무를 나타내는 우언적 구성을 통해 완곡하게 표현하는 것이 좋다.

'~ 바람'보다 '~하기 바랍니다' 등으로 완곡하게 표현하기

공문서를 읽고 독자가 수행해야 하는 일을 안내할 때에도 고압적으로 지시하는 표현을 쓰지 않도록 주의할 필요가 있다.

기타 문의 사항은 사무처로 <u>문의 바람</u>
→ 기타 문의 사항은 사무처로 <u>문의하여 주십시오.</u>

대상자에게 1주 전 참석 안내 문자 발송하오니 <u>참석 여부 회신 바람</u>
→ 대상자에게 1주 전 참석 안내 문자를 발송하오니 <u>참석 여부를 회신해 주시기 바랍니다.</u>

예를 들어 '문의 바람'이나 '참석 여부 회신 바람'은 '-음'형의 명령형 어미이므로 독자가 명령적이고 고압적으로 받아들일 수 있다. 따라서 이러한 명령형 어미도 '~하여 주십시오'와 같이 보조 용언 '주다'를 넣어 표현하거나, '하기 바랍니다'와 같이 하십시오체를 사용하여 공손하며 친근한 문장으로 표현하는 것이 좋다. 완곡하게 표현한 문장은 독자가 읽기에 훨씬 부드럽고 공손하게 느낄 수 있다.

명령형 '—어라'보다 '~하십시오' 등으로 완곡하게 표현하기

문서에 따라서는 독자에게 분명한 명령을 지시할 수밖에 없는 문서 유형도 있다. 행정심판문 등이 그 대표적인 예인데, 행정심판문에서 자주 쓰는 표현인 명령형 어미 '—아라/어라'는 독자에게 고압적으로 느껴질 수밖에 없다. 행정심판문도 이행 사항을 국민에게 정확하게 전달하는 데에 목적이 있는 것일 뿐, 국민에게 명령하거나 고압적인 태도를 취할 필요가 없는 문서라는 점을 고려한다면 문체를 완곡하고 부드럽게 표현하는 것이 좋을 것이다. 따라서 그동안 관행적으로 사용되어 온 명령형 어미 '—아라/어라'는 좀 더 완곡한 표현으로 개선될 필요가 있다.

> 피청구인은 청구인이 20○○. ○. ○. 피청구인에게 공개 청구한 ○○○ 위원에 대한 정보를 공개하라.
> → 피청구인은 청구인이 20○○. ○. ○. 피청구인에게 공개를 청구한 ○○○ 위원에 대한 정보를 공개하십시오.

예를 들어 행정심판문에서 '정보를 공개하라'라는 명령형 어미는 해당 문맥에 따라 '정보를 공개하십시오'와 같이 '~하십시오'의 형태로 수정하는 것이 훨씬 자연스럽고 부드럽다. '—으라'로 표현되는 '하라체'보다는 '—ㅂ시오'로 표현되는 '하십시오체'가 상대높임법의 층위로도 훨씬 공손성의 우위에 있으므로 하십시오체로 표현하는 것이 독자에게 편안하게 읽힐 수 있다.

'~다 할 것이다'는 간결하게 '~다'로 표현하기

행정심판문 등에서는 고압적인 표현인 '~다 할 것이다'와 같은 표현도 빈번하게 발견된다. '~다 할 것이다'는 고압적일 뿐만 아니라 장황한 표현이므로 간결하게 수정하여 표현하는 것이 소통성을 높일 수 있는 방안이다.

> 급성으로 발병하였다는 점이 구체적이고 객관적인 자료로 분명하게 **입증되어야 할 것이다.**
> → 급성으로 발병하였다는 점이 구체적이고 객관적인 자료로 분명하게 **입증되어야 한다.**

위의 예시처럼 '입증되어야 할 것이다.'의 장황한 표현은 단순화하여 '입증되어야 한다.' 정도로 표현하면 가장 적절하다.

> 과거와 같은 사유로 면허가 취소되었음에도 불구하고 생계가 어렵다는 이유만으로는 피청구인에게 **재량을 요구하는 것은 불가하다고 할 것이다.**
> → 과거와 같은 사유로 면허가 취소되었음에도 불구하고 생계가 어렵다는 이유만으로는 피청구인에게 **재량을 베풀 수 없다.**

위의 예시에서는 '재량을 요구하는 것은 불가하다고 할 것이다.'로 표현함으로써 단순히 재량을 베풀 수 없다는 내용을 복잡하게 표현하고 있다. '~다 할 것이다'와 같은 고압적 표현을 삭제하고 의미가 명료하게 잘 전달되도록 표현하는 것이 좋으므로 '재량을 베풀 수 없다'처럼 간단하게 수정할 수 있을 것이다.

이처럼 공공언어에서는 문장이 길고 내용도 어려울수록 독자가 최대한 잘 이해할 수 있도록 간결하고 명료하게 작성하여야 한다.

제2장

공감하는 말

언어는 '정보 전달'을 위해 존재한다. 여기서 '정보'는 상대에게 전달하고자 하는 내용을 가리킨다. 일상적으로 자신이 '보고', '듣고', '느낀' 것이 정보가 되기도 하고 직업상 필요한 전문적인 내용이 정보가 되기도 한다. 사람들은 이러한 정보를 오해 없이 상대방에게 전달하고 싶어한다. 그렇지만 상대방에게 정보를 오해 없이 전달하는 일은 생각보다 쉽지 않다. 그래서 일상에서 언어 문제로 다른 사람과 갈등이 생기는 경우가 많다.

공공언어는 사회 구성원이 '보고', '듣고', '읽는 것'을 전제로 사용하는, 공공성을 띤 언어로, 각종 공문서, 대중 매체, 교양서적, 강연 등에서 사용된다. 공공성을 띠는 만큼 공공언어를 사용하는 상황에서는 사적으로 쓰는 언어보다 더 신중하게 어휘를 선택하고 문장을 작성해야 한다. 특히 공공언어를 읽거나 듣는 사람은 공공언어를 자주 접하는 공무원일 수도 있지만, 공공언어를 쉽게 접할 수 없는 일반 국민일 수도 있다는 점을 염두에 두어야 한다. 공공언어를 사용하는 상황에서 '정보 전달'이 성공적으로 이루어지려면 '정확성, 용이성, 적절성'의 요건이 갖추어져야 한다.

단어의 '정확성'을 고려하기

공공언어의 단어는 현행 한글 맞춤법, 표준어 규정, 외래어 표기법에 맞게 표기해야 한다. 공공언어에서 자주 틀리는 어휘를 유형별로 살펴보면 다음과 같다.

한글 맞춤법에 맞게 쓰기

'한글 맞춤법'과 관련된 표기 오류는 '사이시옷 표기'와 '두음 법칙 표기'에서 많이 나타난다. 그리고 준말을 쓰면서 오류를 범한 예들도 적지 않은데, 특히 접미사 '-하-'가 결합한 파생어 표기의 오류가 많다.

- 사이시옷: 노래말 → 노랫말, 뒷처리 → 뒤처리, 머리속 → 머릿속, 댓가 → 대가(代價)
- 두음 법칙: 설립년도 → 설립 연도, 회계년도 → 회계 연도, 신연도 → 신년도, 2023연도 → 2023년도, 어두운 란 → 어두운 난(欄)
- 두음 법칙('률/율'의 표기): 전염율 → 전염률, 집행율 → 집행률, 단축율 → 단축률, 생존률 → 생존율
- 준말: 익숙치 않다 → 익숙지 않다, 분발도록 → 분발토록, 생각컨대 → 생각건대, 수행도록 → 수행하도록/수행토록

공공언어에서 한글 맞춤법의 오류가 있다면 해당 글이나 해당 기관의 신뢰성이 떨어지므로 사전이나 어문 규정을 확인하여 정확하게 표기해야 한다.

표준어 규정에 따라 쓰기

공공언어에서 표준어 규정을 준수하지 못하고 대중이 관습적으로 써 오던 비표준어를 그대로 사용하는 경우가 있다. 특히 '한자어 표기 오류'나 '방언 사용' 등의 예가 많이 나타난다.

- 삭월세 → 사글세, 오랫만 → 오랜만, 바램 → 바람, 짜집기 → 짜깁기, 도찐개찐 → 도긴개긴
- 가느랗다 → 가느다랗다, 날라오다 → 날아오다, 널널하다 → 널찍

하다, 삼가해야 한다 → 삼가야 한다, 애닳다 → 애달프다
- 동거동락 → 동고동락(同苦同樂), 사기충전 → 사기충천(士氣衝天), 야밤도주 → 야반도주(夜半逃走), 풍지박산 → 풍비박산(風飛雹散), 절대절명 → 절체절명(絕體絕命)

공공언어는 공공성과 대표성을 띤 언어라는 점에서 표준어 규정에 맞는 표기를 확인하여 올바르게 표기해야 한다.

외래어 표기법에 걸맞게 쓰기

외래어 표기법은 언어별로 각기 다르다. 공공언어 작성자가 모든 언어의 외래어 표기법을 암기하고 있을 수는 없으므로, 공공언어를 작성하거나 검토할 때는 항상 사전에서 해당 표기를 검색해보고 표기가 올바른 것인지 확인할 필요가 있다.

마켓팅 → 마케팅(marketing)	메뉴얼 → 매뉴얼(manual)
류마티스 → 류머티즘(rheumatism)	리플렛 → 리플릿(leaflet)
비콘 → 비컨(beacon)	브라켓 → 브래킷(bracket)
브로셔 → 브로슈어(brochure)	쉘터 → 셸터(shelter)
캡쳐 → 캡처(capture)	티켓팅 → 티케팅(ticketing)
패널티 → 페널티(penalty)	포털싸이트 → 포털 사이트(portal site)

위의 예는 공공언어에 자주 쓰는 외래어 표기를 제시한 것으로, 특히 '매뉴얼, 브로슈어, 포털 사이트' 등은 공문서에서 흔히 사용되는 어휘이면서도 오류가 많이 발견된다. 업무상 자주 쓰는 외래어 표기에 대해서는 정확한 표기를 숙지하는 것이 좋다.

발음이 비슷하여 혼동하는 어휘 알아두기

공공언어에서 어휘를 잘못 선택하여 어색한 문장이 되거나 비문이 되는 경우가 종종 있다. 특히 발음이 비슷하거나 의미가 유사한 어휘를 혼동하여 쓰는 경우가 많은데, 대표적인 몇 가지 예를 제시하면 다음과 같다.

- 제고/재고
  - 제고(提高): 쳐들어 높임.
    - 예) 생산성 제고, 이미지 제고, 능률의 제고, 기술력 제고
  - 재고(再考): 다시 생각함.
    - 예) 그 일은 재고의 여지가 없다.
      - 최근 방송 언어 문제에 대한 재고의 필요성이 대두되고 있다.

- (으)로서/(으)로써
  ① (으)로서
    ㉠ 지위나 신분 또는 자격을 나타내는 격조사.
      예) 그것은 교사로서 할 일이 아니다.
        언니는 아버지의 딸로서 부족함이 없다고 생각했었다.
        의장으로서 한마디 하겠습니다.
    ㉡ 어떤 동작이 일어나거나 시작되는 곳을 나타내는 격 조사.
      예) 이 문제는 너로서 시작되었다.
        이 일은 저번 사건으로서 시작되었다.
  ② (으)로써
    ㉠ 어떤 물건의 재료나 원료, 수단이나 도구가 됨을 나타내는 격 조사.
      예) 쌀로써 떡을 만든다.
        말로써 천 냥 빚을 갚는다.

ⓛ 시간을 셈할 때 셈에 넣는 한계를 나타내거나 어떤 일의 기준이
되는 시간임을 나타내는 격 조사.

예) 올해**로써** 성년이 되었다.

접수는 어제**로써** 마감되었다.

- 일절/일체
  ① 일절(一切): 아주, 전혀, 절대로의 뜻으로, 흔히 행위를 그치게
  하거나 어떤 일을 하지 않을 때에 쓰는 말.

  예) 수업에 **일절** 참여하지 않았다.

  일절 언급하지 않다.

  표현의 자유를 **일절** 금지하고 있다.

  ② 일체(一切): 모든 것, 전부, 모든 것을 다.

  예) 시설 **일체**

  일체 비용을 부담하다.

  문제가 될 **일체**의 요소를 제거하다.

- 이상/이하/미만
  ① 이상(以上): 수량이나 정도가 일정한 기준보다 더 많거나 나음.
  기준이 수량으로 제시될 경우에는, 그 수량이 범위에 포함되면
  서 그 위인 경우를 가리킨다.

  예) 거리 200m **이상**/만 4세 **이상**/평균 **이상**의 실력

  ② 이하(以下): 수량이나 정도가 일정한 기준보다 더 적거나 모자
  람. 기준이 수량으로 제시될 경우에는, '그 수량이 범위에 포함
  되면서 그 아래'인 경우를 가리킨다.

  예) 140cm **이하** 탑승 금지/절반 **이하**로 줄어들었다.

  ③ 미만(未滿): 정한 수효나 정도에 차지 못함. 또는 그런 상태. 기준
  이 수량으로 제시될 경우에는, '그 수량이 범위에 포함되지 않
  으면서 그 아래인 경우'를 가리킨다.

예) 19세 **미만** 입장 불가/75점 **미만** 불합격

- 결재/결제
  - 결재(決裁): 결정할 권한이 있는 상관이 부하가 제출한 안건을 검토하여 허가하거나 승인함.
    예) **결재** 서류/**결재**가 나다./**결재**를 받다.
  - 결제(決濟): 증권 또는 대금을 주고받아 매매 당사자 사이의 거래 관계를 끝맺는 일.
    예) **결제** 자금/어음의 **결제**

- 늘이다/늘리다
  - 늘이다: 물체의 길이나 넓이 등을 본디보다 더 길게 하다.
    예) 고무줄을 **늘이다**./바짓단을 **늘이다**.
  - 늘리다:　㉠ 수나 분량을 본디보다 많아지게 하다.
    예) 학생 수를 **늘리다**.
    ㉡ 힘이나 기운, 세력 따위를 이전보다 큰 상태가 되게 하다.
    예) 세력을 **늘리다**.
    ㉢ 살림을 이전보다 더 넉넉하게 하다.
    예) 재산을 **늘리다**.
    ㉣ 시간이나 기간을 이전보다 더 길어지게 하다.
    예) 공부 시간을 **늘리다**./시험 시간을 **늘리다**.

- 안/않
  예)　내일은 비가 {안(O) / 않(X)} 온다고 했다.
  　　그 일은 아직 결정되지 {않았습니다(O) / 안았습니다(X)}.

‘안’은 ‘아니’의 준말로 부사이고, ‘않-’은 ‘아니하’의 준말로 ‘않다’, ‘않았다’, ‘않았습니다’와 같이 활용하는 동사이다. 즉, ‘안’은 부사어이므로 다른 용언을 수식하는 구성(‘안 온다’, ‘안 춥다’ 등)에 쓰이는 데 비해, ‘않-’은 문장의 서술어로 ‘아직 결정되지 않았다’와 같은 ‘-지 않-’의 구성으로 주로 쓰인다.

- 실현코자, 유예토록, 고백건대
   예)   실현하고자 → 실현ㅎ+-고자 → 실현코자(‘-하-’의 앞말 끝
         부분이 유성음 ‘ㄴ’)
         유예하도록 → 유예ㅎ+-도록 → 유예토록(‘-하-’의 앞말 끝
         부분이 모음)
         고백하건대 → 고백+-건대 → 고백건대(‘-하-’의 앞말 끝부
         분이 유성음이 아님)

접미사 ‘-하-’가 결합된 단어는 ‘-하-’의 앞말 끝소리에 따라 줄어드는 방식이 두 가지로 나뉜다. 하나는 ‘-하-’의 앞말의 끝부분이 유성음(ㄴ, ㄹ, ㅁ, ㅇ, 모음)이면 ‘-하-’에서 모음 ‘ㅏ’만 줄어들고 남은 ‘ㅎ’이 뒤에 있는 ‘ㄱ, ㄷ, ㅂ, ㅈ’과 결합하여 각기 ‘ㅋ(ㅎ+ㄱ), ㅌ(ㅎ+ㄷ), ㅍ(ㅎ+ㅂ), ㅊ(ㅎ+ㅈ)’이 되는 경우이다. 다른 하나는 ‘-하-’의 앞말 끝부분이 유성음이 아닌 경우인데, 이때는 ‘-하-’ 전체가 줄어들게 된다.

- 반수/과반수
   ① 반수(半數): 전체의 절반이 되는 수.
      예) 그 안건에 반수 이상이 찬성했다./반수에 가까운 사람들이
         요건을 충족하였다.

② 과반수(過半數): 절반이 넘는 수.

　　예) **과반수**의 찬성표를 얻어 당선되었다./**과반수**의 의석을 획
　　득하였다.

- 난이도/난도

　① 난이도(難易度): 어려움과 쉬움의 정도.

　　예) 문제의 **난이도**를 조정하다./**난이도**의 등급을 매기다.

　② 난도(難度): 어려움의 정도.

　　예) **난도**가 높다./악명 높은 **난도**

- 유무/여부

　① 유무(有無): 있음과 없음.

　　예) 죄의 <u>유무</u>를 가리다./제품의 이상 <u>유무</u>를 점검하다.

　② 여부(與否): 그러함과 그러하지 아니함.

　　예) 생사 **여부**/재산 소유 **여부**

　공공언어에서 특히 혼동하여 쓰는 어휘로는 '반수/과반수', '난이도/난도', '유무/여부' 등이 있다. '반수'는 절반을 의미하고 '과반수'는 절반이 넘는 수를 의미하므로 문맥에 따라 구분하여 사용해야 한다. '난이도'는 어려움과 쉬움을 모두 포괄하여 말하는 것이라면 '난도'는 어려움만의 정도를 일컫는다. '유무'와 '여부'도 혼동하여 잘 쓰이는데 '유무'는 있음과 없음을, '여부'는 그러함과 그렇지 않음을 나타낼 때 쓰이므로 구분하여 정확히 사용해야 한다.

단어의 '용이성'을 고려하기

공공언어를 통해 전달하고자 하는 정보는 상대방에게 쉽게 전달될 수 있어야 한다. 공공언어 문장에 어려운 한자어나 낯선 외래어가 포함되어 있으면 독자는 그 정보를 제대로 이해하기 어렵다. 따라서 문장에 어려운 한자어와 외래어(외국어 포함)가 포함되어 있다면 쉬운 말로 다듬어 적는 것이 좋다.

어려운 한자어는 고유어나 쉬운 말로 바꾸어 쓰기

최근 정부에서는 부처별로 쓰고 있는 어려운 한자 용어를 쉬운 용어로 다듬어 쓰는 노력을 하고 있다. 그렇지만 여전히 공문서에는 일반 대중이 이해하기 어려운 한자 용어가 많다. 공문서에 쓰인 어려운 한자 용어의 실례를 일부 제시하면 다음과 같다.

- 가결산(假決算) → 중간 결산
- 가계약(假契約) → 임시 계약
- 간접 노무비(間接勞務費) → 간접 인건비
- 견책(譴責) → 주의
- 계류(繫留)되다 → 묶여 있다, 묶이다
- 내구연한(耐久年限) → 사용 연한, 사용 가능 기간, 사용 가능 햇수
- 도과(到過) → 경과, 넘김, 기간 넘김
- 부대시설(附帶施設) → 딸린 시설
- 불상(不詳)의, 불상(不詳)인 → 알 수 없는, 자세하지 않은
- 비품(備品) → 비소모품
- 성료(盛了) → 성공적으로 마침, 성공적으로 끝남, 성대하게 마침
- 소급(遡及)하다 → 거슬러 올라가다

- 수리(受理) → 받음, 받아들임
- 여입 결의(戾入決議) → 회수 결정
- 적의 조치(適宜措置) → 적절한 조치
- 제반 요인(諸般要因) → 여러 요인, 모든 요인
- 징구(徵求) → 걷기, 거두기, 청구
- 추심(推尋) → 받아냄, 결재 요구, 챙겨 받음, 챙김
- 특약(特約) → 특별 계약
- 해촉(解囑) → 위촉 해제, 위촉을 끝냄, 맡김을 끝냄

'성료', '소급하다', '수리', '해촉' 등은 공문서에서 자주 사용되는데, 일반 언중이 쉽게 이해할 수 있도록 고유어나 쉬운 한자어로 바꾸어 각각 '성공적으로 마침', '거슬러 올라가다', '받아들임', '위촉을 끝냄' 등으로 수정하여 표현할 필요가 있다.

<시간 관련 한자 용어>
- 금명간(今明間) → 곧, 오늘내일, 오늘내일 사이
  금번(今番), 금회(今回) → 이번
- 내주(來周) → 다음 주
- 당년(當年) → 그해, 올해
  당월(當月) → 그달, 이달
  당일(當日) → 그날
- 동년(同年) → 같은 해
  동월(同月) → 같은 달
  동일(同日) → 같은 날
- 익일(翌日) → 다음 날
  익월(翌月) → 다음 달
  익년(翌年) → 다음 해

- 명일(明日) → 내일
- 차년도(次年度) → 다음 해, 다음 연도
- 차후(此後), 향후(向後) → 앞으로

위의 예는 공공언어에서 자주 쓰이는 시간이나 기간을 나타내는 한자어 표현들이다. 공공언어에서는 시간이나 기간을 나타내는 표현을 주로 한자어로 표현하는데, 독자가 쉽게 이해할 수 있도록 고유어나 쉬운 한자어가 섞인 혼종어로 표현하는 것이 바람직하다. 예를 들어 '익일'보다는 '다음 날'로, '내주'보다는 '다음 주'로, '금번'보다는 '이번'으로 표현하면 소통성을 보다 높일 수 있다.

낯선 외래어나 외국어는 친근한 우리말로 바꾸어 쓰기

최근 공공언어에 외래어나 외국어가 지나치게 많이 쓰이고 있다. 더군다나 외래어나 외국어의 약어[두자어(頭字語, acronym)]도 널리 쓰이고 있는데, 외국어에 능통하지 않은 사람이라면 내용을 이해하는 데에 어려움을 겪을 수 있다. 특히 원어의 의미를 잘 알지 못하는 사람이 외국어 약어가 쓰인 공문서를 읽는다면 내용을 제대로 이해하기는 더욱 불가능할 것이다.

공공언어를 작성할 때의 기본 원칙은 한글로 문장을 적는 것이다. 필요에 따라 한글 표기 바로 뒤에 한자어나 외래어의 원어를 '소괄호(( ))' 속에 밝히기도 하지만, 한글로 문장을 적는다는 기본 원칙에는 변함이 없다. 순화가 필요한 외래어나 외국어, 그리고 외국어의 약어를 예로 제시하면 다음과 같다.

- 가이드라인(guideline) → 지침, 방침
- 거버넌스(governance) → 정책, 행정, 관리, 민관 협력, 협치

- 규제 샌드박스(規制 sandbox) → 규제 유예, 규제 유예 제도
- 뉴스레터(newsletter) → 소식지
- 라이선스, *라이센스(X)(license) → ① 사용권 ② 면허, 면허장
  ③ 허가, 허가장, 인허가, 수
  출입 인허가
- 리뉴얼(renewal) → 새 단장, 재구성
- 마스터플랜(master plan) → 종합계획, 기본계획, 기본설계
- 모니터링(monitoring) → 정보 수집, 점검, 감시, 검색
- 벤치마킹(benchmarking) → ① 본따르기, 견주기
  ② 성능 시험, 컴퓨터 성능 시험
- 서포터스, *서포터즈(X)(supporters) → 응원단, 후원자
- 스타트업(start up) → 새싹 기업, 창업 초기 기업
- 인센티브(incentive) → 성과급, 유인책, 특전
- 인프라(infra) → 기반, 기반 시설, 기간 시설
- 콘퍼런스, *컨퍼런스(X)(conference) → 학술회의, 학술 대회
- 클러스터(cluster) → 산학 협력 지구, 연합 지구, 협력 지구
- 테스트 베드(test bed) → 가늠터, 시험장, 시험대, 시험 무대
- 핸드레일(handrail) → 안전 손잡이

위의 예는 흔히 외래어를 그대로 한글로 표기해 쓰는 예들을 제시한 것이다. 외래어 표기가 더 익숙할 수도 있으나, 일상 언어와 달리 공공언어에서는 그 영향력을 고려하여 되도록 순화어로 표현하는 것이 좋다. 예를 들어 '뉴스레터'보다는 '소식지'로, '마스터플랜'보다는 '종합 계획' 등으로, '모니터링'보다는 '점검'이나 '정보 수집' 등으로, '콘퍼런스'보다는 '학술회의'나 '학술 대회'로 표현하면 독자는 해당 어휘의 의미를 더 잘 파악할 수 있을 것이다.

- 니즈(needs) → 고객의 요구
- 다운로드(download) → 내려받기
- 댐퍼(damper) → 공기 조절판
- 디자인(design) → 설계, 도안
- 라이프 사이클(life cycle) → 수명 주기
- 러닝타임(running time) → 상영 시간
- 리스크(risk) → 위험 요소
- 미래 비전(vision) → 미래상
- 비즈니스화(business化) → 사업화
- 센서(sensor) → 감지기
- 셀프(self) 분석 → 자체 분석
- 셔틀버스(shuttle bus) → 순환 버스
- 스마트 팩토리(smart factory) → 지능형 생산 공장
- 언택트(untact) → 비대면
- 채널(channel) → 경로, 통로
- 체크 리스트(check list) → 대조표, 점검표
- 컨버터(converter) → 변환기
- 컨설팅(consulting) → 전문 상담
- 컨틴전시 플랜(contingency plan) → 비상 대책
- 키트(kit) → 꾸러미
- 파트너십(partnership) → 동반 관계
- 포트폴리오(portfolio) → ① 운용 자산 구성, 유가 증권 일람
  ② 분산투자
- 프로세스(process) → 절차
- 하이픈(hyphen) → 붙임표

위의 예는 특히 공공언어에서 흔히 쓰이는 외래어를 모아 놓은 것으로, 되도록이면 국립국어원에서 권장하는 순화어를 사용하는 것이 좋

다. '컨설팅'보다는 '전문 상담', '니즈'보다는 '고객의 요구', '파트너십'보다는 '동반 관계', '언택트'보다는 '비대면'으로 표현한다면 독자가 훨씬 쉽게 뜻을 이해할 수 있다.

- AI(Artificial Intelligence) → 인공 지능
- CS(Customer Satisfaction) → 고객 만족
- GIS(Geographic Information System) → 지리 정보 시스템, 지리 정보 체계
- IoT(Internet of Things) → 사물 인터넷
- ICT(Information and Communication Technology) → 정보 통신 기술, 정보 문화 기술
- MOU(Memorandum Of Understanding) → 업무 협정, 업무 협약, 양해 각서
- NFC(Near Field Communication) 기술 → 근거리 무선 통신 기술
- SOC(Social Overhead Capital) → 사회 기반 시설, 사회 간접 자본
- TF, TF팀(Task Force, Task Force Team) → 특별팀, 전담팀, 전담 조직, 특별 전담 조직
- VAN(Value Added Network) → 부가 가치망, 부가 가치 통신망

위의 예는 흔히 외국어 약어로 표현되는 사례이다. 공공언어에서의 약어에 대한 표기 원칙은 우리말 표기를 우선하여 적되, 필요한 경우에는 약어를 우리말 표기 뒤에 괄호를 넣어 보이는 것이다. '인공 지능(AI)', '사물 인터넷(IoT)', '특별 전담 조직(TF)' 등처럼 적는 것이 그 대표적인 예이다.

- BM(Business Model) → 사업 모델
- URL(Uniform Resource Locator) 주소 → 누리집 주소, 사이트 주소

- R&D(Research and Development) → 연구·개발
- PSD(Platform Screen Door) → 승강기 안전문

위의 예는 특히 공공언어에서 자주 사용되는 외국어 약어의 사례로, 마찬가지로 우리말 표기를 우선하여 적는 것이 권장된다. 예를 들어 'URL'보다는 '누리집 주소'로 표기하는 것이 좋다.

단어의 '적절성'을 고려하기

공문서에는 상대방에게 소외감이나 불쾌감을 줄 수 있는 차별적 어휘가 없어야 한다. 일상적으로 사용하는 단어이더라도 그 단어가 특정 범주의 사람을 부정적으로 표현하는 단어는 아닌지, 또는 소외감을 주는 단어는 아닌지 세심하게 살펴야 한다. 공공언어에서 주로 쓰이는 차별적 어휘를 예로 들면 다음과 같다.

차별적 어휘 주의하기

○ 직업 관련 단어
   구두닦이 → 구두미화원, 우체부 → 우편집배원, 운전수 → 운전사

○ 신체 관련 단어
   S라인, 귀머거리, 벙어리, 불구자, 정신 박약, 꺽다리, 난쟁이 → (삭제)

○ 성별 관련 단어
   녹색 어머니회 → 녹색 학부모회 내조/외조 → 배우자의 도움

부녀자 → 여성   집사람/안사람 → 배우자

스포츠맨십 → 스포츠 정신   자매결연 → 상호 결연

버진 로드 → 웨딩 로드   효자 상품 → 인기 상품

○ 인종·국적 관련 단어

조선족 → 중국 동포   에스키모 → 이누이트

혼혈아 → 다문화 아동   동남아 노동자 → 외국인 근로자

일본어 투 표현 삼가기

가라 → 가짜   기스 → 흠

만땅(滿tank) → 가득/가득 채움   가오 → 체면

소데나시 → 민소매   자부돈 → 방석

공공언어는 언중에게 영향력이 있는 언어라는 점에서 일본의 영향을 받은 일본어 투의 표현은 반드시 삼가야 한다. 일상 언어에서 흔히 쓰이는 일본어 투가 있더라도 문어(文語)이자 대표성을 띠는 공공언어에서는 고유어로 표현하여야 한다.

제3장

바르고 정확한 말

우리말의 문장 구조, 어떻게 생겼을까요?

'생각이나 감정을 말이나 글로 표현할 때 완결된 내용을 나타내는 최소의 단위'를 '문장'이라고 한다. 예를 들어, 사무실에서 보고서를 작성하는 상황을 생각해 보자. 이런 자신의 모습을 '나는 지금 보고서를 쓴다'와 같은 문장으로 표현할 수 있다. 또 누군가가 "지금 뭐 하고 있어?"라고 질문한다면 "응, 보고서 쓰는 중"이라고 대답할 수도 있다. 두 번째와 같은 '사용문'도 문장의 한 종류이지만, 보고서나 보도 자료를 작성할 때에는 첫 번째와 같이 완결된 체계문을 쓰는 것이 적절하다. 정확한 체계문을 쓰기 위해서는 우리말 문장의 구조와 문법을 알아야 한다. 따라서 이 장에서는 우리말 문장의 구조가 어떤 모습인지 알아보고 중요한 문법을 정리해 보자.

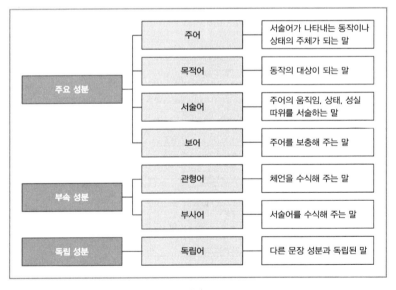

[그림 13] 문장 성분

머리, 몸통, 다리 등이 우리의 신체를 구성하는 것처럼 문장도 한 개이상의 성분이 모여 구성된다. '나는 지금 보고서를 쓴다'를 다시 불러와 보자. 이 문장은 '나는', '지금', '보고서를', '쓴다'가 모여서 완결된다. 이처럼 문장을 구성하는 요소들을 '문장 성분'이라고 한다. 우리말 문장의 주요 성분을 정리하면 [그림 13]과 같다.

[그림 13]의 내용을 확인했다면 '나는 지금 보고서를 쓴다'라는 문장을 분석해 보자. 동작을 나타내는 '쓴다'가 서술어, 쓰는 동작의 주체인 '나는'이 주어, 쓰는 동작의 대상인 '보고서를'이 목적어에 해당한다. 또한 '지금'은 '쓴다'를 수식하는 부사어이다.

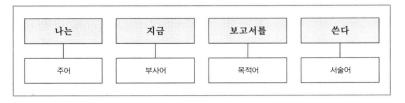

[그림 14] '나는 지금 보고서를 쓴다'의 문장 성분

그런데 우리가 쓰는 모든 문장이 동일한 성분들로 구성되는 것은 아니다. 어떤 문장은 주어와 서술어만으로 만들어지기도 하고 또 다른 문장은 주어와 서술어, 목적어 또는 부사어로 만들어지기도 한다. 이처럼 문장의 주요 성분이 각 문장을 이룰 때의 형식, 즉 문장의 형식을 '문형'이라고 하는데, 기본적인 문형은 일반적으로 다섯 가지로 나눈다.

주어+서술어	여기는 OO시입니다.
주어+목적어+서술어	OO시가 침수방지시설을 설치합니다.
주어+부사어+서술어	그는 서울에 산다.
주어+보어+서술어	이곳은 흡연구역이 아닙니다.
주어+목적어+부사어+서술어	OO시는 이곳을 공원으로 바꾸었습니다.

[그림 15] 우리말 문장의 기본 형식

보고서, 보도 자료, 안내문 등을 작성할 때에는 위와 같은 기본 문장 형식에 수식하는 말을 덧붙이거나 두 개 이상을 연결하여 복잡한 문장을 만들어 쓴다. 문장이 더 길고 복잡해진다고 하더라도 기본 구조를 이해하고 성분을 올바르게 사용하여 정확한 문장을 만들어야 한다. 자신이 쓴 문장을 다시 보면서, 다음 7가지 사항에 문제가 없는지를 확인해야 한다.

① 문장 성분끼리 알맞게 짝지었나?
② 문장 성분의 순서는 잘 지켰나?
③ 높임 표현, 시간 표현에 문제는 없나?
④ 조사, 어미는 정확하게 썼나?
⑤ 문장 연결에 문제는 없나?
⑥ 사동, 피동 표현은 적절한가?
⑦ 명사를 지나치게 많이 나열하지는 않았나?

문장 성분끼리의 호응, 어떻게 짝지을까요?

부르면 답하는 것을 '호응'이라고 한다. 문장에서도 어떤 말은 거기에 응하는 말과 짝을 이룬다. 서술어는 주어와 짝이 맞아야 하고, 또 어떤 서술어는 주어 외에도 목적어나 부사어를 부르기도 한다. 수식하는 말과 수식을 받는 말도 서로 짝이 맞아야 한다. 따라서 자신이 쓴 문장이 주어와 서술어의 호응, 목적어와 서술어의 호응, 부사어와 서술어의 호응, 수식어와 피수식어의 호응이 정확한지 항상 확인하는 습관이 필요하다. 호응이 적절하지 못하면 문법적, 의미적 오류가 생긴다.

주어와 서술어의 호응

한국어 문장에서 서술어는 주로 뒤쪽에 있고, 주어는 일반적으로 앞쪽에 온다. 이런 특징 때문에 문장이 길어질수록 주어와 서술어 사이의 거리가 멀어져 짝이 맞지 않을 가능성이 커진다. 따라서 자신이 쓴 문장이 어색하면 먼저 서술어를 찾고 이에 해당하는 주어를 파악하여 두 성분이 적절한 호응 관계를 이루고 있는지 살펴야 한다.

① 주어와 서술어의 호응이 잘못된 예

수정 전	수정 후
내연기관의 **발전은** 수많은 전쟁 **때문이다.**	**내연기관이 발전할 수 있었던 것은** 수많은 **희생을 치른** 전쟁이 있었기 때문이다.
채용 예정자가 채용 포기 등의 사정으로 결원을 보충할 필요가 있을 경우	**채용 예정자의 입사 포기** 등의 사정으로 결원을 보충할 필요가 있을 경우

첫 번째 문장의 서술어는 '때문이다'이고 주어는 '발전은'이다. 그런데 주어와 서술어를 연결해 보면, '발전은~때문이다'가 되어 자연스럽지 않다. '때문이다'가 서술어이면 '~ 것은 ~ 때문이다'나 '~ 이유는 ~ 때문이다'와 같은 형식으로 짝을 짓는 것이 자연스럽다. 두 번째 문장은 '채용 예정자가' 주어인데 이에 호응하는 서술어가 없다. '채용 예정자의'로 수정하여 '입사 포기'를 수식하게 바꾸어 주어야 한다.

② 주어와 서술어가 중복되는 예

수정 전	수정 후
<u>공모 접수는</u> 홈페이지에서 신청서, 작품설명서 양식을 다운받아, 이메일로 <u>접수한다</u>.	<u>공모 접수는</u> 홈페이지에서 신청서, 작품 설명서 양식을 다운받아, <u>내용을 작성하여</u> 이메일로 <u>제출하면 된다</u>.

위 예문에서 서술어는 '접수한다'이고 주어는 맨 앞에 있는 '공모 접수는'이다. 주어와 서술어만 연결해 보면 '공모 접수는 ~ 접수한다'가 되어 '접수'가 중복되는 어색한 표현임을 알 수 있다. 긴 문장에서 이러한 예를 자주 볼 수 있는데 상황에 맞게 주어 또는 서술어를 수정해 주어야 한다.

③ 주어와 서술어의 의미 연결이 어색한 예

수정 전	수정 후
36개월 미만의 <u>어린아이 경우</u>, 보호자 동반하에 티켓 없이 참여 <u>가능합니다</u>.	36개월 미만의 <u>어린아이는</u> 보호자 동반하에 티켓 없이 참여 <u>가능합니다</u>.

공문서에서 '~ 경우'를 주어로 사용하는 문장이 많다. 위 문장에서도 '가능합니다'라는 서술어에 호응하는 주어가 '어린아이 경우'이다. 다른 문장 성분을 제외하고 주어와 서술어만 연결해 보면 '어린아이 경우 ~가능합니다'가 된다. 관형어 뒤에 쓰이는 '경우'는 '놓여 있는 조건이나 놓이게 된 형편이나 사정'을 뜻하므로 '어린아이 경우'보다는 '어린아이는'이라고 수정해야 '가능하다'라는 서술어와 호응이 맞게 된다.

④ 주어가 아닌 것을 주어로 사용한 예

수정 전	수정 후
이번 독서문화 <u>프로그램은</u> 그림책을 활용한 책 놀이부터 양육자 대상 부모 교육 프로그램까지 다양한 <u>프로그램이 진행됩니다</u>.	이번 독서문화 <u>프로그램은</u> 그림책을 활용한 책 놀이부터 양육자 대상 부모 교육 프로그램까지 <u>다양하게 진행됩니다</u>.

위의 문장은 주어와 서술어가 가깝게 연결되어 있는 것처럼 보이지만(프로그램이 진행됩니다) '프로그램이'를 주어가 아니라 서술어를 수식하는 부사어로 수정해야 한다. 서술어인 '진행됩니다'의 주어는 앞에 나오는 '독서문화 프로그램은'이므로 서술어 앞에 다시 중복하여 '프로그램이'를 쓸 필요가 없다. '독서문화 프로그램은 ~부터 ~까지 다양하게 진행됩니다'로, 중복해서 나오는 '프로그램이'를 삭제하고 '다양한'을 '다양하게'로 수정하는 것이 적절하다. 이처럼 긴 문장을 쓸 때 하나의 서술어에 호응하는 주어를 불필요하게 반복하는 경우가 많으므로 주의해야 한다.

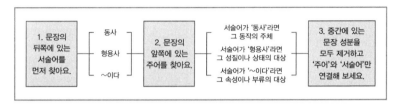

[그림 16] 〈주어-서술어〉 호응을 확인하는 방법

목적어와 서술어의 호응

어떤 서술어는 목적어를 필수적인 문장 성분으로 요구한다. 동작의 대상인 목적어가 필요한 동사를 타동사라고 하는데, 국어사전에 '타동사'라는 정보가 있거나 '⋯을'이라는 표시가 있는 동사가 이에 해당한다. 타동사를 서술어로 사용하여 문장을 쓸 때에는 주어와 서술어 간의 호응 관계와 마찬가지로 목적어 역시 서술어와 적절한 관계를 맺고 있는지 확인해야 한다.

① 서술어는 하나, 목적어는 여러 개인 예

수정 전	수정 후
시민들이 여유와 휴식을 느낄 수 있도록, ○○시는 10월 한 달간 ○○프로그램을 운영한다.	시민들이 여유를 느끼고 휴식을 취할 수 있도록, ○○시는 10월 한 달간 ○○프로그램을 운영한다.

위 문장은 '여유와 휴식'이라는 두 개의 목적어가 하나의 서술어 '느끼다'와 호응하고 있다. 그러나 '여유를 느끼다'는 자연스럽지만 '휴식을 느끼다'는 자연스럽지 않다. 이처럼 두 개 이상의 목적어를 연결했다면 서술어가 각각의 목적어와 자연스럽게 호응하는지 확인해야 한다.

② 이유 없이 목적어를 생략한 예

이유 없이 목적어를 생략해서도 안 된다. 목적어는 앞에서 이미 나와 생략해도 짐작할 수 있으면 생략할 수 있다. 그러나 서술어가 두 번 이상 사용되는 문장에서 각각의 목적어가 다를 경우에는 생략하지 않고 서술어에 맞추어 제시해야 한다.

수정 전	수정 후
사전에 보증보험을 가입해 놓은 가구는 문제가 발생했을 때 보증기관으로부터 <u>받을</u> 수 있었다.	사전에 보증보험에 가입해 놓은 가구는 문제가 발생했을 때 보증기관에서 <u>보증금을 받을</u> 수 있었다.

위 문장은 서술어 '받다'의 목적어가 생략되어 있다. '보증보험을'이 '받다'의 목적어인 것처럼 보이지만 이는 바로 뒤에 이어지는 '가입하다'와 호응하는 성분이다. 따라서 '받다'의 대상, 즉 '보증금'을 목적어로 써 주어야 한다.

③ 필요 없는 목적어를 사용한 예

타동사를 서술어로 사용하지 않았는데도 불필요하게 목적어를 쓴 문장도 있다.

수정 전	수정 후
<u>국제적 지원을 필요하는</u> 난민에게 임시 거처를 제공하고 있다.	<u>국제적 지원이 필요한</u> 난민에게 임시 거처를 제공하고 있다.

'필요하다'는 타동사가 아니라 형용사이다. 형용사를 서술어로 쓰

면, 기본 문형의 첫 번째 유형 즉, '주어+서술어'의 구조로 문장을 작성해야 한다. 그런데 '국제적 지원을'과 같이 목적어를 사용하고 있다. 따라서 형용사, 자동사, '~이다' 등을 서술어로 하여 문장을 작성했다면 필요 없는 목적어를 썼는지도 확인해야 한다.

부사어와 서술어의 호응

일부 부사어와 서술어는 반드시 짝을 지어 사용해야 한다. 이러한 짝은 타동사와 마찬가지로 국어사전에서 확인할 수 있다. 예를 들어, '비교하다'를 서술어로 쓴다면 '~과'에 해당하는 비교 대상이 부사어로 필요하다.

수정 전	수정 후
응시원서나 각종 증명서의 기재 내용이 다르거나 시험에 관한 규정을 위반한 자는 합격이 취소될 수 있습니다.	응시원서나 각종 증명서의 기재 내용이 사실과 다르거나 시험에 관한 규정을 위반한 자는 합격이 취소될 수 있습니다.

위 문장에서도 '비교가 되는 두 대상'이 다르다는 것을 보여주어야 하므로 '응시원서나 각종 증명서의 기재 내용'이 '무엇'과 다른지, 즉 '무엇'에 해당하는 부사어 '사실'을 추가해야 한다.

수식어와 피수식어의 호응

수식을 하는 말을 '수식어', 수식을 받는 말을 '피수식어'라고 한다. '행복한 도시'라는 표현을 사용한다면, '도시'를 수식하는 '행복한'이 수식어(관형어), '행복한'의 수식을 받는 '도시'가 피수식어가 된다.

'신나게 일해요'라는 표현을 사용한다면, '일해요'를 수식하는 '신나게'가 수식어(부사어), '신나게'의 수식을 받는 '일해요'가 피수식어가 된다. 그런데 공공언어의 문장 중에서 수식어와 피수식어의 호응이 적절하게 쓰이지 못한 경우를 볼 수 있다.

① 수식어와 피수식어가 어울리지 않는 예

수정 전	수정 후
• AI 면접, AI 역량검사는 <u>실제 역량검사와 면접 단계의</u> 동일한 환경을 제공하는 인공지능 기술입니다.	• AI 면접, AI 역량검사는 <u>실제 역량검사, 면접 단계와</u> 동일한 환경을 제공하는 인공지능 기술입니다.
• 참여 학생 150여 명이 <u>단체 기념촬영하고</u> 있다	• 참여 학생 150여 명이 <u>단체 기념촬영을 하고</u> 있다

첫 번째 문장에서, '실제 역량검사와 면접 단계의'는 '동일한 환경을'을 수식하는 관형어로 쓰이고 있다. 그러나 '동일하다'는 '~와 동일하다'의 형식으로, 비교하는 대상이 부사어로 와야 한다. 따라서 '실제 역량 검사, 면접 단계와 동일한'으로 수정해야 수식 구조가 정확해진다. 두 번째 문장의 '단체 기념촬영하고'의 경우도 문법적이지 않다. '기념촬영하다'라는 서술어를 '단체'가 수식할 수 없다. '기념촬영을 하다'로 수정하여 '단체'가 '기념촬영을'을 수식하게 만들어 주어야 한다.

② 수식어가 중첩적으로 많은 예
수식이 지나치게 중첩적인 경우도 자주 볼 수 있다. 한 단어 앞에 수식이 중첩될수록 의미 파악이 어려워지며 문법에 어긋날 가능성도 많아진다.

수정 전	수정 후
최소 5년 <u>이상 운전 경험이 있는 운전 경력자</u> 공개 모집	최소 5년 <u>이상의 운전 경력자</u> 공개 모집

수정 전 문장에서는 '5년 이상 운전 경험이 있는'이 '운전 경력자'를 수식하고 있다. 그런데 '운전 경험이 있는'은 '운전 경력자'에 포함되는 의미이므로 수식어로 장황하게 다시 쓸 필요가 없다. '5년 이상의' 정도로 간단하게 제시해야 한다.

③ 필요한 수식어를 생략한 예
의미상 반드시 필요한 수식어를 생략한 문장도 있다. 그러나 수식어를 과도하게 생략하여 의미가 불명확해진다면 공문서의 전달력에 문제가 생기므로 유의해야 한다.

수정 전	수정 후
주소지 외 지자체에 기부하면 <u>지역특산품을</u> 답례로 제공하는 제도입니다.	주소지 외 지자체에 기부하면 <u>그 지역 특산품을</u> 답례로 제공하는 제도입니다.

위 문장에서 지역특산품에 대한 수식어가 없어 어느 지역인지 정확하지 않다. 맥락상, 기부한 지역의 특산품으로 추정이 가능하지만, 현재 주소지의 지역특산품으로도 오해할 수 있다. 수식 성분을 넣어 명확하게 제시해 주는 것이 좋다.

문장 성분의 순서, 어떻게 배열할까요?

문장 성분을 배열하는 순서를 '어순'이라고 하는데, 우리말의 기본적인 어순은 [그림 15]에서 제시한 것과 같다. 다만, 우리말은 어순 배열이 비교적 자유로운 언어에 속하므로 '당사자가 현장에서 접수하세요'를 '현장에서 당사자가 접수하세요'라고 해도 의미가 크게 달라지지는 않는다. 문장의 주된 초점을 어디에 두느냐가 달라질 뿐이다. 그러나 주어와 보어의 위치가 바뀌거나(예: '물이 얼음이 되었다.' – '얼음이 물이 되었다.'), '주어+목적어+부사어+서술어'에서 목적어와 부사어의 위치가 바뀌면(예: '물을 얼음으로 만들었다.' – '얼음으로 물을 만들었다') 문장의 의미가 크게 달라질 수 있으므로 유의해야 한다.

① 주어가 앞쪽에 있지 않은 예

수정 전	수정 후
<u>제1회 119 안전캠프를 ○○청에서는</u> 가족간 소통과 화합을 도모합니다.	<u>○○청에서는</u> 가족 간 소통과 화합을 도모하기 위해 제1회 안전캠프를 실시합니다.

일반적으로 주어는 목적어와 서술어의 앞에 있는 것이 자연스럽다. 그러므로 주어인 '○○청에서는'을 먼저 제시하고 목적어 '안전캠프를'과 서술어 '실시합니다'를 뒤쪽에 두는 것이 자연스럽다.

② 수식어와 피수식어가 가깝지 않은 예
수식어는 피수식어 바로 앞에 두는 것이 좋다. 둘 사이에 다른 문장 성분이 들어가면 무엇을 수식하는지 명확하지 않아 전달력이 떨어지

고 중의적으로 해석될 수도 있으므로 주의해야 한다.

수정 전	수정 후
• ○○시에서는 <u>의미 있는 나만의</u> 결혼식을 지원하고자 합니다.	• ○○시에서는 <u>나만의 의미 있는 결혼식을</u> 지원하고자 합니다.
• <u>소관 체육시설에</u> 성범죄 및 아동학대 관련 범죄 전력을 조회하지 않고 종사자를 채용할 경우 500만 원 이하의 과태료가 부과됩니다.	• 성범죄 및 아동학대 관련 범죄 전력을 조회하지 않고 <u>소관 체육시설에</u> 종사자를 채용할 경우 500만 원 이하의 과태료가 부과됩니다.

첫 번째 문장에서 '의미 있는'은 '나만의'를 수식할 수도 있고 '나만의 결혼식'을 수식할 수도 있다. 맥락상 '의미 있는'은 '결혼식'을 수식하는 것이므로 '결혼식' 앞으로 순서를 바꾸어 주는 것이 좋다. 두 번째 예문의 '소관 체육시설에'도 '종사자를 채용하다'와 가깝게 두는 것이 의미 파악에 용이하다.

높임과 시간 표현, 어떻게 할까요?

높임 표현

우리말의 높임 표현에는 주체를 직접 높이는 직접 높임과 주체와 관련된 것을 높이는 간접 높임이 있다. 주체 높임은 서술어에 '-시-', 조사 '께서' 및 '께' 등을 사용한다. 객체 높임은 주어의 행위가 미치는 대상을 높여 표현하는 것으로, '보다', '주다', '말하다'에 대하여 '뵙다', '드리다', '여쭈다'와 같은 특수한 어휘를 사용한다. 그런데 공공언어에서 불필요한 높임 표현을 과도하게 사용하여 문제가 되는 경우가 많다.

① '-시-'를 지나치게 많이 사용한 예

수정 전	수정 후
• 상속 당시 주민등록상 주소를 같이 두고 **있으신** 세대원들이 이 주택을 소유하고 있으**시기** 때문에 감면 대상이 되**시**지 않으**십**니다.	• 상속 당시 주민등록상 주소를 같이 두고 **있던** 세대원들이 이 주택을 소유하고 **있기** 때문에 감면 대상이 **되지 않습니다**.
• 그래도 계속 지연이 **되시는** 경우에는 접속 브라우저를 **변경하셔서** 시도해 **보시기** 바랍니다.	• 그래도 계속 지연이 **되는** 경우에는 접속 브라우저를 **변경하여** 시도해 **보시기** 바랍니다.

위의 문장처럼 민원인을 독자로 하는 글에서 '-시-'를 사용하는 경우가 자주 나타난다. 첫 번째 문장은 과도한 높임에 해당하므로 굳이 '-시-'를 쓸 필요가 없다. 두 번째 문장처럼 높임 표현이 필요한 경우라고 하더라도 마지막에 '-시-'를 한 번만 사용하면 된다.

② 높임의 표현을 잘못한 예

수정 전	수정 후
• **도민께** 부담을 **줄여드리기** 위해 이번 조치를 한 달 간 연장할 예정입니다.	• **도민의** 부담을 **줄이기** 위해 이번 조치를 한 달간 연장할 예정입니다.
• 이번 행사에는 ○○○ **시장님도** 직접 참여하여 자리를 빛냈다.	• 이번 행사에는 ○○○ **시장도** 직접 참여하여 자리를 빛냈다.

정부나 지방자치단체가 '국민'이나 '지역 주민'에게 무엇인가를 전달할 때 높임 표현을 과도하게 사용하는 것을 종종 볼 수 있다. 첫 번째 문장과 두 번째 문장에서의 '께', '-님' 등은 굳이 쓰지 않아도 되는 높임이므로 삭제하는 것이 좋다. 지나친 높임 표현은 적절하게 수정해야 한다.

시간 표현

과거, 현재, 미래의 시간에 일어났거나 일어날 일을 진술하는 것을 시간 표현이라고 한다. 문장 성분들이 시간 표현에서 의미상 일치를 보이고 있는지, 혹은 해당 문장이 제시된 맥락의 시간적 선후 관계를 고려하여 시간 표현을 적절하게 나타내고 있는지 확인해야 한다.

① 시간 표현이 의미상 일치하는 않은 예

수정 전	수정 후
지난 한 달 동안 보수 작업을 진행하여 갈라진 틈을 메꾸고 바깥쪽에는 화단을 조성한다.	지난 한 달 동안 보수 작업을 진행하여 갈라진 틈을 메꾸고 바깥쪽에는 화단을 조성했다.

'조성한다'는 현재의 시간을 나타내는 표현이다. 그런데 앞에서 '지난 한 달 동안'이라고 과거의 시간을 표현했기 때문에 '조성했다'로 수정해야 한다. 문장 마지막에 놓인 서술어의 시간 표현이 앞의 내용과 일치하지 않는 문장이 있으므로 주의해야 한다.

② 관형어의 미래 표현이 잘못된 예

수정 전	수정 후
당선작에 대해 이의가 <u>있는</u> 때에는 일주일 내에 이의 신청을 하기 바랍니다.	당선작에 대해 이의가 <u>있을</u> 때에는 일주일 내에 이의 신청을 하기 바랍니다.

위 문장에서는 당선작에 관해 이의가 존재할 미래의 상황을 가정하고 있으므로, 현재 시제가 사용된 '있는'을 미래 시제인 '있을'로 수정해야 한다.

조사와 어미, 어떤 것이 정확할까요?

조사

조사는 문장 안에서 다른 말과의 문법적 관계를 표시해 주거나 문법적 의미를 더하는 역할을 하므로, 의미와 문법에 맞게 정확하게 사용해야 한다.

① '로서'와 '로써'

공문서에서 '로서'와 '로써'를 잘못 쓰는 예를 자주 볼 수 있다. '로서'는 지위나 신분 또는 자격을 나타낼 때, '로써'는 어떤 일의 수단이나 도구를 나타낼 때 사용해야 한다.

수정 전	수정 후
• 우리 시가 <u>조례로서</u> 정할 수 있는 금연구역에 대해서도 알아본다.	• 우리 시가 <u>조례로써</u> 정할 수 있는 금연구역에 대해서도 알아본다.
• <u>소비자로써</u> 억울한 일을 당했을 때는 관련 부서에 신고하기 바랍니다.	• <u>소비자로서</u> 억울한 일을 당했을 때는 관련 부서에 신고하기 바랍니다.

첫 번째 예문에서 '조례'는 지위나 신분, 자격이 아니다. 이는 수단이나 도구라고 할 수 있으므로 '로써'를 써야 한다. 이외에도 '써'를 제외하고 '조례로'라고만 해도 뜻이 통한다. 이와 반대로 두 번째 예문에서 '소비자'는 자격이나 신분을 나타낸다. 따라서 이때에는 '소비자로서'라고 해야 한다.

② '에게'와 '에'

유정 명사나 무정 명사 뒤에 오는 부사격 조사 '에'와 '에게'도 잘못 사용하는 경우가 많다. '에게'는 사람이나 동물과 같이 감정을 나타낼 수 있는 유정 명사 뒤에 쓰고 '에'는 사물이나 식물과 같이 감정을 나타내지 못하는 무정 명사 뒤에 쓴다.

수정 전	수정 후
• 합격자<u>에</u> 개별적으로 통보합니다.	• 합격자<u>에게</u> 개별적으로 통보합니다.
• 다회용기를 전문적으로 세척, 회수하는 업체<u>에게</u> 융성자금을 지원함	• 다회용기를 전문적으로 세척, 회수하는 업체<u>에</u> 융성자금을 지원함

'합격자'는 유정 명사이므로 '에'가 아니라 '에게'로 써야 한다. 이와 반대로, 두 번째 문장에서는 무정 명사인 '업체'에 '에게'를 사용하고 있으므로 '업체에'로 수정해야 한다.

③ '고'와 '라고'

인용을 한 후에 사용하는 인용격 조사 '고'와 '라고'도 혼동하는 일이 많다. 큰따옴표를 사용하여 직접 어떤 말을 인용했을 때에는 '라고'를 써야 한다.

수정 전	수정 후
정보 공개에 대해서는 지침에 "일주일 동안 공시해야 한다."고 명시되어 있습니다.	정보 공개에 대해서는 지침에 "일주일 동안 공시해야 한다."라고 명시되어 있습니다.

큰따옴표 안의 내용은 지침의 내용을 직접인용한 것이다. 따라서 간접인용을 나타내는 조사 '고'가 아니라 직접인용을 나타내는 조사 '라고'를 써야 한다.

④ '의'와 '에'

조사 '의'와 '에'를 혼동하는 일도 많다. 소유격 조사 '의'는 '에'로도 발음할 수 있어서 발음에 이끌려 '에'로 적기도 한다.

수정 전	수정 후
○○원은 청소년에 잠재적 재능을 일깨우기 위해 ○○캠프를 실시하고자 합니다.	○○원은 청소년의 잠재적 재능을 일깨우기 위해 ○○캠프를 실시하고자 합니다.

'청소년'이 관형어 구실을 하게 하며 뒤에 오는 '잠재적 재능'을 수식하게 하는 소유격 조사는 '의'이므로 '청소년의'로 수정해야 한다. 표준발음법 제2장 제5항에서는 "조사 '의'는 [ㅔ]로 발음함도 허용한다."라고 명시하고 있다. 이에 따라 [청소녀네]로 발음할 수는 있다. 그러나 쓸 때에는 '청소년의'로 써야 한다.

⑤ 과도한 조사 생략

수정 전	수정 후
기한 내 납부 바라며, 체납 시 연체료 계속 가산이 될 수 있음을 알려드립니다.	기한 내에 납부하기 바라며, 체납 시에는 연체료가 계속 가산될 수 있음을 알려드립니다.

　조사를 지나치게 생략하여 문장이 자연스럽지 못한 경우도 있다. '납부'를 '납부하다'로 수정하고 '내'에 조사 '에'를 결합하여 '납부하다'의 부사어로 수정해 주어야 자연스럽다. '시'도 조사를 결합하여 '시에는'으로 수정하고 '연체료가 계속 가산되다'로 바꾸어 주어야 의미 전달이 명확해진다.

어미

　동사와 형용사, '~이다'가 활용할 때 변하는 부분을 '어미'라고 한다. 예를 들어, 동사 '먹다'는 '먹고', '먹으니', '먹어서' 등과 같이 활용할 수 있는데, 이때 '먹-'을 어간, '-고', '-으니', '-어서' 등을 어미라고 한다.

① 활용 어미가 잘못된 예
　어미 사용에서는 전성 어미를 적절하지 못하게 사용하는 경우를 특

히 유의해야 한다. 전성 어미란 동사나 형용사 등이 활용할 때 어간에
결합하여 다른 품사의 기능을 수행하게 하는 어미를 말한다.

수정 전	수정 후
증상의 원인을 찾아 개인에게 **알맞는** 치료 방법을 알려주는 서비스입니다.	증상의 원인을 찾아 개인에게 **알맞은** 치료 방법을 알려주는 서비스입니다.

'알맞다'는 형용사이다. 동사와 형용사는 활용에 약간의 차이가 있
다. '먹다'의 활용형 중 '먹는'은 현재, '먹은'은 과거를 나타낸다. 그러
나 '높다'와 같은 형용사에서는 앞말이 관형어 구실을 하게 하고 현재
의 상태를 나타낼 때 '-은'이 결합한다. 따라서 형용사인 '알맞다'는
'알맞은 치료'라고 해야 한다.

② 의미에 맞지 않는 어미를 사용한 예
어간에 붙어 다음 말에 연결하는 구실을 하는 어미를 연결 어미라고
하는데 의미에 맞지 않게 사용하면 전달력이 떨어진다.

수정 전	수정 후
자동심장충격기 점검 및 교육·홍보 사업 민간 보조 사업자를 공개모집**하고** 선정한 결과를 붙임과 같이 공고합니다.	자동심장충격기 점검 및 교육·홍보 사업 민간 보조 사업자를 공개모집**하여** 선정한 결과를 붙임과 같이 공고합니다.

위 문장에서는 '공개모집'한 것과 '선정'한 두 가지의 일이 '-고'로

연결되어 있다. 연결 어미 '-고'는 두 가지 이상의 사실을 대등하게 벌여 놓는 것이다. 그러나 이 두 가지 일은 '-여'를 사용하여 연결하는 것이 더 적절하다.

③ 동일한 어미를 중복하여 사용한 예
동일한 어미를 중복하여 사용함으로써 문장이 어색해지기도 한다.

수정 전	수정 후
수상작에 대한 사용권은 ○○시에 귀속되며, 수상작을 온라인과 오프라인에서 공익의 목적으로 사용할 수 있으며, 필요에 따라 수정하거나 변형해서 사용할 수 있음	수상작에 대한 사용권은 ○○시에 귀속되며, 수상작을 온라인과 오프라인에서 공익의 목적으로 사용할 수 있고 필요에 따라 수정하거나 변형해서 사용할 수 있음

위 문장에서 '~며 ~며'와 같이 동일한 연결 어미가 연이어 나타나고 있다. '-며'는 두 가지 이상의 동작이나 상태 따위를 나열할 때 쓰는 연결 어미인데, 동일한 기능을 하는 '-고'로 수정해 주는 것이 자연스럽다.

작은 문장들, 어떻게 연결할까요?

'출근을 했다', '업무를 처리했다'와 같은 두 개의 문장은 '출근을 해서 업무를 처리했다'와 같이 더 큰 한 개의 문장으로 만들 수 있다. [그림 15] 우리말 문장의 기본 형식에 제시된 유형처럼 주어와 서술어를 한 번씩 사용하여 작성한 문장을 홑문장이라고 한다. 이와 달리 두 개 이상의 주어와 서술어가 있는 더 큰 문장을 겹문장이라고 한다. 겹문장을 만드는 방법은 두 개의 문장을 잇거나 큰 문장이 작은 문장을 안는 방식이 있다.

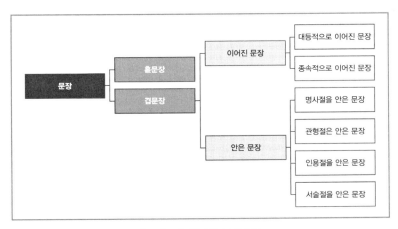

[그림 17] 홑문장과 겹문장

이어진 문장은 크게 대등적으로 이어진 문장과 종속적으로 이어진 문장으로 나뉜다. 대등적으로 이어진 문장에서는 접속 성분의 크기가 다르진 않은지(예: 구와 절이 연결되는 경우), 선행절과 후행절 사이의 의미 관계가 어떠한지 살펴야 하며, 종속적으로 접속된 문장에서는 문장 간의 호응이 적절하게 이루어지고 있는지(예: 원인-결과, 시간적 선후 관계 등) 등을 살펴야 한다. 이 과정에서 부적절한 접속사나 연결 어미를 사용해서는 안 된다.

또한 두 개 이상을 접속할 때는 접속 대상이 문법적으로 동질적인 것이어야 한다.

수정 전	수정 후
<u>○○ 참가 불가</u>, 소유나 출처가 분명치 않은 ○○은 매도를 신청할 수 없습니다.	<u>○○은 참가할 수 없으며</u>, 소유나 출처가 분명치 않은 ○○은 매도를 신청할 수 없습니다.

위 문장은 '○○ 참가 불가'라는 명사구와 '~수 없습니다'라는 절이 접속되어 있다. 이와 같은 경우 '○○은 참가할 수 없다'라는 절로 만들어 뒤에 연결되는 것과 동일한 크기로 만들어 주는 것이 좋다.

사동과 피동, 어떻게 쓸까요?

사동

사동은 주체가 다른 사람, 동물, 물건 등에 영향을 주어 어떤 행동을 일으키는 것과 관련된다. 즉, '나는 밥을 먹었다'는 주체인 내가 스스로 밥을 먹은 행동을 나타내는 주동문이지만 '나는 동생에게 밥을 먹였다'는 주체인 내가 동생에게 밥을 먹이는 행동을 나타내는 사동문이다.

사동의 유형은 접미사 '-이-', '-히-', '-리-', '-기-', '-우-', '-구-', '-추-', '-으키-', '-이키-', '-시키다' 등이 결합한 접미사 사동, 통사적 구성인 '-게 하다' 사동으로 나누어 볼 수 있다. 그런데 공문서에서는 '-시키다'나 '-게 하다'가 불필요하게 사용된 예가 많으므로 특히 주의해야 한다.

또한 사동 표현을 수정하는 경우 서술어의 변화에 따른 문장 구조의 변화에도 유의해야 한다.

> ▶ 사동문과 주동문의 기본 문형
> - [사동문] ㄱ이 ㄴ에게 ㄷ을 하게 하다.
> - [주동문] ㄴ이 ㄷ을 하다.

사동문에는 어떤 행동을 하도록 시키는 주체(사동주)가 추가된다. 이에 사동문을 주동문으로 수정하기 위해 서술어를 바꿀 때는 맥락을 살펴 이러한 문장 성분의 변화 역시 적절하게 반영될 수 있게끔 한다.

수정 전	수정 후
<u>환기시키기만</u> 잘해도 바이러스의 양이 줄어든다고 합니다.	<u>환기만</u> 잘해도 바이러스의 양이 줄어든다고 합니다.

위의 수정 전 예문은 '-시키다' 파생어를 불필요하게 사용하고 있다. '환기하다'는 '탁한 공기를 맑은 공기로 바꾸다'라는 의미를 지니고 있으므로 굳이 사동의 형식을 취하지 않아도 된다.

피동

피동은 사람, 동물, 사물 등이 어떤 주체의 행위에 영향을 받는 것과 관련된다. '나는 강아지를 안았다'에서 주어인 '나'는 안는 동작을 하는 주체이지만 '강아지가 나에게 안겼다'에서 주어인 '강아지'는 안는 행위의 영향을 받는 피동주가 된다. 이러한 표현을 피동이라고 한다.

우리말의 피동 표현은 접미사 '-이-', '-히-', '-리-', '-기-', '-되다', '-받다', '-당하다' 등이 결합하거나 '-아/어지다'가 결합하여 만들어진다. 피동 표현이 적절하게 사용되었는지 감수하기 위해서는 피동 표현이 과도하게 사용되고 있지는 않은지, 특히 이중 피동이 사용되고 있지는 않은지에 주안점을 두고 살펴보아야 한다. 또한 피동 표현을 수정하는 경우 사동의 경우와 마찬가지로 서술어의 변화에 따른 문장 구조의 변화에도 유의해야 한다.

▶ 피동문과 능동문의 기본 문형
- [피동문] ㄱ이 ~되다.
- [능동문] ㄴ이 ㄱ을 ~하다.

능동문에서는 목적어였던 성분이 피동문에서는 주어 자리로 오면서 필수적인 문장 성분의 개수가 줄어든다. 이에 피동문의 서술어를 능동사로 수정할 때도 문장 구조의 변화에 유의하도록 한다.

수정 전	수정 후
당사는 구직자의 반환 청구에 대비하여 ○○○○년 ○월 ○○일까지 채용서류를 <u>보관하게 됩니다</u>.	당사는 구직자의 반환 청구에 대비하여 ○○○○년 ○월 ○○일까지 채용서류를 <u>보관합니다</u>.

위 문장은 피동을 굳이 사용할 필요가 없는 문장이다. '~게 되다'가 아니라 '당사는 ~보관하다'로 쓰는 것이 더 적절하다.

수정 전	수정 후
두 나라가 교류를 재개하는 과정에서 각국의 <u>거점이 다시 사용되었기에</u> 해당 지역의 발전이 더욱 가속화되었다.	두 나라가 교류를 재개하는 과정에서 각국의 <u>거점을 다시 사용하였기에</u> 해당 지역의 발전이 더욱 가속화되었다.

위 문장은 피동 표현을 능동 표현으로 수정함에 따라 문장 구조도 바뀐 예이다. 피동사 '사용되다'를 능동사인 '사용하다'로 수정할 경우, 주어였던 '거점'은 목적어가 되므로 격 조사 역시 '을'로 수정해 주도록 한다.

명사 나열, 어떻게 바꿀까요?

조사, 어미, '-하다' 등을 과도하게 생략하여 명사만을 나열하고 있는 표현은 원활한 소통을 방해하며 자연스럽지 않다. 이에 생략되어 있는 조사나 어미 등을 복원하여 문장 구성 요소들 사이의 관계를 명확하게 보여 줄 필요가 있다.

수정 전	수정 후
<u>자기 계발 기회 보장을 위한 학습 여건 조성 등 다양한 활동을 해야 한다.</u>	<u>자기 계발을 할 기회를 보장하려면 학습 여건을 조성하는</u> 등 다양한 활동을 해야 한다.

위 문장은 명사의 지나친 나열로 그 의미가 명확하게 전달되지 않으며, 어조가 매우 딱딱하고 어색하다. 따라서 조사와 어미, '-하다' 등을 적절하게 활용하여 매끄럽고 쉬운 문장으로 수정할 필요가 있다.

피수식어의 앞에 지나치게 긴 수식어를 사용하는 경우, 특히 명사 앞에 너무 긴 관형어를 제시하면 문장의 정확한 의미가 전달되지 못할 수 있다.

수정 전	수정 후
이것은 <u>많은 복을 기원하는 의미로 문 앞에 걸어두곤 하는</u> 대나무로 만든 물건이다.	이것은 <u>대나무로 만든 물건으로, 많은 복을 기원하면서 문 앞에 걸어두곤 하는</u> 것이다.

위 문장은 '물건'을 수식하는 관형절의 길이가 지나치게 길다. 그러다 보니 '문 앞에 걸어두곤 하는'이 '대나무'를 수식하는 것으로 해석되기도 하고 '대나무로 만든 물건'을 수식하는 것으로 해석되기도 한다. 그러므로 수식어로 쓰인 표현을 문장에서 적절히 분배하고 배치하여 그 의미를 파악하기 쉽게끔 해주어야 한다.

〈확인 문제 풀이〉

- 다음 문장에서 우리말답지 못한 부분을 찾아 수정하고 그 근거를 밝혀 보자.

  ○ 진맥 후 맞춤 보약으로 원기를 보충시켜 드립니다.
  ○ 수정: _____
  ○ 근거: _____
  _____
  _____

  ○ 달 모양의 소품이 놓여져 있어 근사한 사진을 찍을 수 있는 곳이다.
  ○ 수정: _____
  ○ 근거: _____
  _____
  _____

  ○ 수상 작품이 제3자에 모방 또는 타인이 사용 중인 것과 유사할 경우 수상을 취소할 수 있음
  ○ 수정: _____
  _____
  ○ 근거: _____
  _____
  _____

○ 귀하에 유리한 진술을 해 줄 사람이 있으면 청문장에 함께 나
　올 수 있습니다.

○ 수정: _____

　　_____

○ 근거: _____

　　_____

　　_____

○ 공고일 현재 등록된 비영리법인으로써 사업을 원활히 운영할
　수 있는 재정 능력과 운영 능력이 있는 곳

○ 수정: _____

　　_____

○ 근거: _____

　　_____

　　_____

○ 재활용품 분리수거가 어려운 도시형생활주택 등을 대상으로 분리
　수거대를 공급하여 선별 및 수거의 효율성을 증진하고자 합니다.

○ 수정: _____

　　_____

○ 근거: _____

　　_____

　　_____

○ 침수 등 풍수해 피해가 발생된 소상공인에 대한 지원 신청이 기존 ○월 ○○일까지 진행되었으나 해당 기간 내에 신고 및 접수가 이루어지지 못한 소상공인 분들을 대상으로 ○월 ○○일 오후 6시까지 추가 접수가 이루어집니다.

○ 수정: _____

_____

_____

_____

○ 근거: _____

_____

_____

〈문제 해설〉

○ 진맥 후 맞춤 보약으로 원기를 ~~보충시켜~~ 드립니다.
    _{보충해}
☞ [사동] '-시키다'를 쓸 필요가 없으므로 '보충해'로 수정한다.

○ 달 모양의 소품이 ~~놓여져~~ 있어 근사한 사진을 찍을 수 있는 곳이다.
    _{놓여}
☞ [피동] '놓여지다'는 피동사 '놓이다'에 피동 표현 '-어지다'가 또다시 결합한 이중 피동 표현에 해당한다. 따라서 '놓여져'를 '놓여'로 수정한다.

○ 수상 작품이 ~~제3자에~~ 모방 또는 타인이 사용 중인 것과 유사할 경우 수
    _{제3자 작품의}
  상을 취소할 수 있음
☞ [조사/접속] '제3자 작품을 모방한 것'이라는 의미이므로 조사를 '의'로 수정해야 한다. 또한 '타인이 사용 중인~'을 고려해 '제3자의 작품을 모방했거나 타인이 사용 중인~'으로 수정한다.

○ ~~귀하에~~ 유리한 진술을 해 줄 사람이 있으면 청문장에 함께 나올 수 있습
  _{귀하에게}
  니다.
☞ [조사] '귀하'는 사람, 즉 유명 명사에 해당하므로 '에게'를 써야 한다.

○ 공고일 현재 등록된 비영리법인 ~~으로써~~ 사업을 원활히 운영할 수 있는
    _{으로서,}
  재정 능력과 운영 능력이 있는 곳
☞ [조사] 자격을 나타내므로 '로서'를 써야 한다.

○ 재활용품 분리수거가 어려운 도시형생활주택 ~~등을 대상으로~~ 분리수거대
    _{등에}
  를 공급하여 ~~선별~~ 및 수거의 효율성을 증진하고자 합니다.
    _{재활용품 선별}
☞ [문장 성분] '등을 대상으로 ~을 공급하다'는 '등에 ~을 공급하다'로 수정하고 '선별'의 대상에 해당하는 문장 성분을 추가해 주어야 한다.

○ 침수 등 풍수해 피해가 발생된 소상공인에 대한 지원 ~~신청이~~ 기존 ○월 ^(신청을)
○○일까지 ~~진행되었으나~~ 해당 기간 내에 신고 및 접수가 ~~이루어지자~~ ^(진행했으나) ^(를 하지)
못한 소상공인 ~~분들을~~ 대상으로 ○월 ○○일 오후 6시까지 추가 접수가 ^(인을)
이루어집니다.

☞ [피동/높임] '신청이 진행되다', '접수가 이루어지다'와 같은 피동 표현
을 굳이 사용할 필요가 없다. 따라서 '신청을 진행하다', '접수를 하다'
등으로 수정한다. 또한 '소상공인'에 '분'을 추가하여 굳이 높임을 사용
할 필요가 없으므로 '소상공인'이라고 수정한다.

제3부

바르고 정확하게 쓰기

제1장

공고문,
바르고 정확하게 쓰자

공고문의 특징

공고문의 개념과 유형

공고문이란 공공 기관에서 일정한 사항을 여러 사람이 볼 수 있도록 게시하거나 다른 공개적인 방법으로 일반 대중에게 널리 알리기 위해 작성하는 문서를 말한다. 특히 계약이나 선발, 법률 고시 등과 같이 공적인 성격을 가지는 중요 정보를 알리기 위해 작성된다는 점에서 일반적인 안내문과 구별된다. 공고문은 공적인 성격을 가지는 내용의 중요성을 고려할 때 문서의 전반적인 내용을 상세한 부분까지 정확하게 전달해야 하므로 정확성과 소통성을 동시에 갖추어야 한다.

공고문은 전달하고자 하는 내용과 전달 목적에 따라 계약과 관련된 '사업 공고문', 선발 및 채용과 관련된 '채용 공고문', 법률이나 고시를 알리는 '법률 공고문'으로 나눌 수 있다. '사업 공고문'은 국가 및 공공 기관에서 시행하는 사업의 구체적인 내용을 알리고 계약 참여자를 모집하려는 목적으로 작성되며, '채용 공고문'은 공공 기관에서 필요한 인력을 선발하기 위해 작성된다. '법률 공고문'의 경우에는 공공 기관이 관련 법률의 입법을 예고하거나 법률에 의한 시행을 알리고자 할 때 작성된다. 각 공고문의 유형별 특징과 예시는 다음과 같다.

○ 사업 공고문

사업 공고문은 공공 기관에서 시행하는 사업의 구체적인 내용을 알리고 계약 참여자를 모집하려는 목적으로 작성되는 문서로서, 사업의 입찰과 관련된 상세한 내용 또는 입찰이 끝난 후 사업자 선정 결과를 알리거나 계약 체결을 알리는 내용으로 구성된다. 입찰을 알리는 사업 공고문에는 사업의 목적, 사업의 세부 내용, 계약 금액, 사업 기간, 사업 참여자 자격, 사업자 선정 기준, 사업자 선정 절차, 신청 마감일, 필요 서류 등의 사항이 포함되어야 하며, 선정 결과를 알리는 사업 공고문에는 대상 사업과 선정 대상자의 정보를 정확하게 제시하여 선정자뿐 아니라 선정되지 아니한 이들 역시 그 결과를 명확히 파악할 수 있도록 하여야 한다. 또한 계약 체결을 알리는 사업 공고문에는 대상 사업과 계약자 정보, 계약 기간이 명시되어야 한다. 일반적으로 입찰을 알리는 공고문이 게시된 이후에 입찰 절차가 진행된 다음 사업자 선정을 알리는 공고문이나 계약 체결 공고문 중 한 가지가 게시된다. 다음은 각각 입찰, 선정 결과, 계약 체결을 알리는 사업 공고문의 예시이다.

- \<입찰 관련 사업 공고문\>
  - 「고속도로 수소충전소 구축사업」 사업시행자 모집 재공고(한국도로공사)
  - 소상공인특화지원센터 공동판로개척 지원사업 모집 공고(부산광역시)
  - 경인항 인천터미널 주차장 태양광개발사업자 공모(수자원공사)
  - 수어댐주변 생활도우미 위수탁사업 모집 공고(수자원공사)
  - 상수도 긴급복구 협력업체 모집 재공고(수자원공사)

- \<사업자 선정 관련 사업 공고문\>
  - '인공지능의 언어 능력 평가 홍보 운영' 사업 제안서 평가 결과 공개(국립국어원)
  - 「여성친화적 기업 환경 개선 사업」 기업체 선정 결과 공고(부

산광역시)
- 발달장애인 인식개선사업 수행기관 선정 결과공고(부산광역시)
- 노후 상수관로 교체공사 안전점검 지정 결과 알림(수자원공사)
- 협업형 세종학당 신규 지정 서류 심사 결과 안내(세종학당재단)
- 해외채권 발행 주간사 선정 결과(한국도로공사)

- **<계약 체결 관련 사업 공고문>**
  - 소방용수시설 형식 변경 계약 체결 결과 보고(경기도)
  - '피해장애아동쉼터' 관리·운영 민간 위탁 계약 체결 공고(부산광역시)
  - 나주문화도시조성사업 민간 위탁 재계약 체결 결과 공고(나주시)
  - 노인복지시설 수탁기관 선정 및 협약 체결 결과 공고(강남구청)
  - 제3종 시설물 정기 안전 점검 용역 계약 보고(경기도)

○ 채용 공고문

'채용 공고문'은 국가 및 공공 기관에서 특정한 업무를 담당할 인력을 채용하기 위해 작성하며 채용과 관련된 전반적인 내용을 알리는 공고문과 합격자를 발표하는 공고문으로 구분된다. 채용을 알리고 지원자를 모집하는 공고문이 게시된 후 채용 절차에 따라 합격자가 결정되면 이를 알리는 공고문이 게시되는 것이 일반적이다. 지원자를 모집하는 공고문에는 해당 직무, 모집 인원, 지원자의 자격, 제출 서류, 심사 과정과 심사 기준, 지원서 마감일 등 채용과 관련된 상세한 내용이 포함되어야 한다. 또한, 합격자를 알리는 공고문에는 직무별 합격자의 정보를 명확하게 제시하여 지원자들이 자신의 합격 여부를 알 수 있도록 해야 한다. 이때 개인정보가 공개되지 않도록 주의할 필요가 있다. 보통 지원자의 개인정보를 보호하기 위해 합격자 정보를 응시번호로 제시하거나 이름이나 주민등록번호를 일부만 공개하여 표시하기도 한다. 다음은 지원자를 모집하는 채용 공고문과 합격자를 발표하는 채용 공고문의 예시이다.

- **<지원자 모집을 위한 채용 공고문>**
  - 한국도로공사 전문직(데이터분석 전문가) 채용 공고(한국도로공사)
  - 문화체육관광부 공무원 채용 공고(문화체육관광부)
  - 국민체육진흥공단 연구직 초빙 공고(국민체육진흥공단)
  - 방재직(야생동물통제직) 공개 채용 공고(인천공항공사)
  - 서울시 동남권NPO지원센터 직원 채용 공고(서울시)
  - 영화의전당 제5차 직원 채용 공고(부산광역시)
  - 금융감독원 종합직원(5급) 채용 공고(금융감독원)

- **<합격자 발표를 위한 채용 공고문>**
  - 서울교통공사 2022년 기능인재 공개채용 서류전형 합격자 공고(서울교통공사)
  - 예술경영지원센터 2022년 제4차 직원 채용 최종결과 안내(예술경영지원센터)
  - 재정담당관 기간제근로자(사무보조) 채용 최종합격자 공고(문화체육관광부)
  - 한국도로공사 체험형 청년인턴 최종 합격자 발표(한국도로공사)
  - 고속도로 기술자문위원회 위원 선정 결과 알림(한국도로공사)
  - 도봉소방서 공무직 신규채용 면접시험 합격자 안내(서울시)

○ 법률 공고문

'법률 공고문'은 정부 부처나 공공 기관이 법률의 입법이나 행정 처분의 시행을 예고하는 등 법률의 시행이나 폐지를 알릴 때 또는 법률에 준하는 계획에 대해 고시할 때 작성된다. 법률 공고문의 경우 해당 법률의 고시 번호, 법률의 명칭, 법률의 주요 내용, 고시 날짜, 고시의 주체가 분명히 드러나야 한다. 법률 공고문의 예시는 다음과 같다.

- 「건설산업기본법」 위반 종합건설업체 행정 처분 효력 재개 공고(경기도)
- 「부산광역시 지역문화진흥 조례」 일부 개정 조례안 입법 예고(부산광역시)
- 한탄강댐 안전용 영상감시설비(CCTV) 행정 예고(수자원공사)
- 부산·진해경제자유구역청 금고 지정 계획 공고(부산광역시)
- 도시계획시설(도로)사업 실시 계획 고시(부산광역시)
- 종합공사시공업 행정 처분(과태료) 공고(서울시)
- 제3종시설물의 지정(해제) 고시(서울시)

공고문의 양식

공고문은 알리고자 하는 목적과 알리는 내용에 따라 독자에게 필요한 정보를 빠짐없이 제시해야 한다. 정보는 시간의 흐름이나 절차의 순서로 제시하는 것이 독자가 이해하는 데에 도움이 된다. 무엇에 대한 공고문인지가 제목에 명확히 드러나도록 할 필요가 있으며, 다수의 정보를 알아보기 쉽게 항목별로 일목요연하게 제시하고, 내용에 대하여 독자가 추가적인 문의를 할 수 있도록 담당자의 연락처를 제시하는 것이 좋다. 공고문의 형식을 유형에 따라 살펴보면 다음과 같다.

○ 사업 공고문

● **<입찰 관련 사업 공고문>**

사업 공고문 중에서 입찰을 알리는 사업 공고문의 경우에는 사업의 목적, 사업의 세부 내용, 계약 금액, 사업 기간, 사업 참여자 자격, 사업자 선정 기준, 사업자 선정 절차, 신청 마감일, 필요 서류 등의 사항이 포함되어야 한다. 특히 공정한 사업자 선정을 위해 선정 절차와 기준이 상세하고 명확하게 제시될 필요가 있다.

수어댐주변 생활도우미 위·수탁 사업 공고

I 공고 사항

☐ (사업명) '22년 수어댐 주변 생활도우미 위·수탁 사업
☐ (공고 기간) 2022년 9월 28일(수)~10월 12일(수) 18:00까지
☐ (사업 기간) 계약 체결일로부터 1년
☐ (사업 지역)
  • 수어댐 지원 사업 구역인 광양시 4개면(진상, 다압, 옥곡, 진월)
☐ (사업 내용)
  • 사업 기간 중 매주 1회 사업지역 주민 대상 밑반찬 제공
  • 사업 기간 중 매주 1회 사업지역 주민 대상 **세탁지원서비스 제공**
☐ (예산액) 금 140,000,000원(금일억사천만원)
☐ (세부 내용)
  ① 밑반찬 사업 : 매주 밑반찬 제공 추진
  ② 빨래방 사업 : 수혜자가 요청한 빨래 수거 및 세탁 후 배달까지 서비스 제공

Ⅱ   참가 자격 및 방법

- □ (참가 자격) 복지 관련 비영리 활동을 수행하는 법인
  - ○ 공고일 현재 여수, 순천, 광양에 주사무소를 두고 있으며, 복지 사업을 수행하고 있는 비영리 법인으로 한정
  - ○ 공고일 현재 당해 밑반찬, 세탁물의 운반 및 보관 등에 필요한 차량과 시설, 건물을 보유 또는 임차하고 있는 기관
- □ (참가 방법)
  - ○ 공고 및 접수 기간: 2022년 9월 28일(수)~10월 12일(수) 18:00까지
  - ○ 제출처: 전라남도 여수시 시청동3길 29 K-water 여수권지사
  - ○ 접수 방법: 직접 제출 또는 우편 접수* (등기 우편)
  - ○ 제출 서류: 붙임 참조
    - 제출된 서류는 반환하지 않음
    - 제출된 자료는 본 사업 수탁자 평가·선정 외 목적으로 활용하지 않음
    - 제출 서류의 모든 내용은 객관적으로 입증할 수 있어야 하며, 그 내용이 사실과 다른 경우 선정을 취소함

Ⅲ   수탁자 선정 방안

- □ (평가 항목 및 방법) 기본·역량 평가 결과, 최고 득점 순으로 선정
  - ○ (1차 기본 평가) 아래 항목과 기준에 따라 주관부서 계량 평가
    - ① 관련사업 수행실적(20점)
    - ② 운영 기간 및 인력 구성(10점)
  - ○ (2차 역량 평가) 아래 항목과 기준에 따라 별도 심사단 구성, 비계량 평가
    - ③ 관련 사업 수행 내용 평가(10점)
    - ④ 사업 추진 세부 계획(40점)

- □ 평가 방식
  - ○ (계량 평가) K-water 여수권지사 지원 사업 담당자가 평가

○ (비계량 평가) 사회복지·언론 관련 업무에 종사하는 외부인원(2인) 및 K-water 지원사업 담당자로 심사단 구성
  - 비계량평가 시 각 기관 담당자별로 사업계획 20분간 발표(자유양식)
○ (수탁자 선정) 기본·역량 평가 결과, 최고 득점 순으로 선정
○ (문의 사항) 사업 담당자(000-000-0000)

- **<사업자 선정 관련 사업 공고문>**

사업자 선정이 완료된 이후에는 예고한 절차에 따라 진행된 선정의 결과가 공고되어야 하는데, 사업자 선정 관련 공고문에는 선정 결과가 공고되는 사업의 내용과 선정자에 대한 명확한 정보가 제시될 필요가 있다. 이를 바탕으로 선정 사업자뿐 아니라 미선정 사업자들도 자신의 선정 여부를 확인할 수 있도록 하여야 한다.

「여성 친화적 기업 환경 개선 사업」기업체 선정 결과 공고

부산광역여성새로일하기센터에서는 여성 근로자가 일하기 좋은 직장 분위기 개선과 고용안정을 도모하기 위해 추진하는 「여성 친화적 기업 환경 개선 사업」 기업체 선정 결과를 다음과 같이 공고합니다.

2022. 10. 4.

부산광역여성새로일하기센터장
(부산광역시여성문화회관장)

□ 선정 결과

입 체 명	대 표 자	업 종	환경개선 희망시설	비고
화진건설	김 재 영	제 조 업	여성 휴게실	

※ 기타 자세한 사항은 부산광역여성새로일하기센터(☎051-○○○-○○○○)
로 문의하여 주시기 바랍니다.

● <계약 체결 관련 사업 공고문>

예고된 절차에 따라 사업자가 선정된 이후에는 선정된 사업자를 일반에 알리는 경우도 있고, 이를 생략하고 선정된 사업자와 계약을 체결한 이후 계약 체결 결과를 공고하기도 한다. 계약 체결 결과를 공고할 때에는 어떤 사업에 대한 계약 체결 결과인지가 제목에 확실히 드러나게 할 필요가 있으며, 계약 체결일과 계약 체결 대상자가 공고문에 명시되어야 한다. 반드시 필요한 내용은 아니지만 계약 기간과 계약 내용이 간략히 제시되는 것도 좋다.

○○문화도시조성사업
민간위탁 재계약 체결 결과 공고

「○○시 사무의 민간위탁촉진 및 관리 조례」제16조에 따라 ○○문화도시조성사업 민간위탁 재계약을 아래와 같이 체결하였기에 이를 공고합니다.

2000년 ○월 ○일
○○시장

> ○○문화도시조성사업 민간위탁 재계약 체결 결과
>
> ○ 위탁 기관: ○○시
>
> ○ 수탁 기관: 사단법인 시민문화회의
>
> ○ 위탁 기간: 2021. 1. 5. ~ 2021. 12. 31.
>
> ○ 위탁 사무 내용
> - 지역문화진흥 및 문화도시조성에 관한 계획 수립
> - 문화도시조성사업 총괄 추진
> - 문화도시조성사업 주민 교육 및 의견 수렴
> - 문화 리더 및 문화 인력 양성 사업
> - 나빌레라문화센터 운영 관리
> - 그 밖에 시장이 문화 도시 조성을 위하여 필요하다고 인정한 사항

○ 채용 공고문

● <지원자 모집을 위한 채용 공고문>

정부나 공공 기관의 특정 직무를 담당할 지원자를 모집하기 위한 채용 공고문에는 해당 직무, 모집 인원, 지원자의 자격, 제출 서류, 심사 절차와 심사 기준, 지원서 마감일 등이 포함되어야 하며, 공정한 채용을 위해서 그리고 향후 채용 결과에 대한 이의가 제기되지 않도록 하기 위해서는 특히 심사 절차와 심사 기준이 명확하게 제시될 필요가 있다. 또한 채용과 관련된 사항에 대해서 추가적인 문의가 있을 때 문의할 수 있도록 담당자 연락처가 제시되어야 한다.

○○도로공사 데이터분석 전문가 채용 공고

1. 모집 요강

모집 분야	담당 업무	인원	근무 기관 (소재지)
데이터 분석 전문가	o 빅데이터·AI 분석·개발 및 활용 계획 수립 o 현업 부서 데이터 분석 및 기술 지원	1명	경기 판교 스마트 센터

2. 채용 조건

☐ 계약 기간: 최초 1년 계약 (이후 일정 평가를 거쳐 재계약 가능)

☐ 보수 수준: 연봉 약 63백만 원 ~ 약 69백만 원

☐ 근무 조건: 40시간/주, 8시간/일 (09:00 ~ 18:00), 주5일 근무

☐ 복리 후생: 4대 보험 가입 등

3. 지원 자격: 채용 공고일 기준 자격 요건을 모두 충족하는 사람

o 공사 인사규정 제8조(붙임 2)의 결격사유가 없는 사람

o 아래 ①, ②, ③ 어느 하나에 해당하는 사람

① 해당 전공* 박사학위 소지자

② 해당 전공* 석사학위 취득 후 해당 분야** 2년 이상 경력이 있는 자

③ 해당 전공* 학사학위 취득 후 해당 분야** 4년 이상 경력이 있는 자

* 지원 가능 전공

   – 한국교육개발원 2021년 학과(전공) 분류 자료집 소계열 중 전산학·컴퓨터공학 응용소프트웨어공학, 정보·통신공학, 통계학

** 해당 경력 분야 : 빅데이터 분석 및 AI개발

o 채용일로부터 근무 기관에서 계속 근무 가능한 사람

4. 전형 절차

원서 접수 (9.29.~10.13.) ▶ 서류 전형 (10.21. 발표 예정) ▶ 면접 전형(인성검사) 추후통보 ▶ 최종 합격 추후 통보

※ 합격자 발표: 개별통보

5. 접수 기간 및 방법
□ 원서 접수: 2000. 9. 29.(목) ~ 10. 13.(목) 15:00
□ 접수 방법: 온라인 접수
　- 한국도로공사 홈페이지(www.ex.co.kr)에서 온라인 접수

6. 제출 서류(온라인 작성)
□ 입사 지원서, 개인정보 활용 동의서
□ 역량 기술서 및 직무 수행 계획서

7. 전형 방법
□ 서류 전형
　- 선발 인원: 최종 선발 인원의 5배수(동점자 전원 선발)
　- 선발 기준: 자격 요건을 갖춘 자를 대상으로 서류 심사 결과 고득
　　　점자 순
　- 서류 심사: 경력(20), 역량기술서(20) 및 직무수행계획서(10) 평
　　　가 합계

□ 면접 전형　* 세부사항 추후통보
　- 전형 대상: 서류 전형 통과자
　- 면접 방법: 공정성 제고를 위한 블라인드 면접
　　· 평가 항목: 데이터분석분야 전문지식(40), 프로젝트 수행 역량
　　　　　(30), 의사소통 및 협업능력(20), 공사에 대한 기본
　　　　　지식(10)

● <합격자 발표를 위한 채용 공고문>

예고된 채용 절차에 따라 정부나 공공 기관이 특정 업무를 담당할 인력을 선발한 이후에는 채용 결과 즉 합격자를 발표하는 공고문을 낸다. 합격자 발표 공고문에는 합격자의 정보를 구체적으로 제시하여 합격자뿐 아니라 불합격자도 자신의 합격 여부를 확인할 수 있도록 하여야 하며, 이때 개인 정보가 일반에 공개되지 않도록 성명이나 주민 등록번호의 일부를 비공개 처리하거나 개인 정보 대신 수험 번호를 통해 합격자를 확인할 수 있도록 하기도 한다.

서울특별시의회 임기제 공무원 임용 시험 최종 합격자 공고

서울특별시의회 임기제 공무원 임용 시험 최종 합격자를 다음과 같이 공고합니다.

2000년 0월 0일
서울특별시의회 인사위원회위원장

☐ 최종 합격자

임용 분야 (근무 예정 부서)	임용 등급	순위	응시 번호	성명
전문 위원 (교통전문위원실)	임기제 지방행정사무관	합격	교통-3	박○○
		예비합격	교통-4	이○○
입법 지원 요원 (도시안전건설전문 위원실)	임기제 지방 행정 주사	합격	도안-4	박○○
		예비합격	도안-3	구○○

○ **법률 공고문**

법률 공고문의 경우 정부나 공공 기관이 법률, 규칙, 행정 처분 등의 시행이나 폐지를 고시하기 위한 문서로 해당 법률의 고시 번호, 법률 의 명칭, 법률의 주요 내용, 고시 날짜, 고시의 주체가 분명히 드러날 필요가 있다. 법률이 갖는 성격상 일상생활에서 사용되는 언어보다는 법률 용어와 해당 분야의 전문 용어가 자주 사용되므로 이를 일반 국 민이 알기 쉽게 풀어서 설명하거나 각주를 달아 참조할 수 있도록 하 는 것이 좋다.

서울특별시 고시 제2022-413호

자치분권지방정부협의회 탈퇴 고시

지방자치법 제169조 및 제175조에 따라, 서울특별시는 행정협의회 인「자치분권지방정부협의회」탈퇴를 위해 서울특별시의회에 보고하고 아래와 같이 고시합니다.

2022년 10월 13일
서울특별시장

1. 건명: 자치분권지방정부협의회 탈퇴

2. 내용: 자치분권지방정부협의회 운영 규약 변경
  ○ 자치분권지방정부협의회를 구성하는 지방자치단체(별표)에서 서울시 탈퇴에 따른 변경

3. 목적
  ○ 서울시는 행정협의회인 「자치분권지방정부협의회」를 탈퇴하고자, 지방자치법 제169조 및 제175조에 따라 서울특별시의회에 보고를 이행하고, 협의회 규약변경 사항(협의회를 구성하는 지방자치단체)에 대한 고시 절차 이행

4. 관련 근거
  ○ 「지방자치법」제169조(행정협의회의 구성)
  ○ 「지방자치법」제171조(협의회의 규약)
  ○ 「지방자치법」제175조(협의회의 규약변경 및 폐지)

5. 문의: 서울특별시 조직담당관(☎02-2133-6888)

공고문의 오류 유형 안내

앞서 살펴본 사업 공고문, 채용 공고문, 법률 공고문은 정부나 공공 기관에서 입찰이나 채용, 법률 시행과 관련된 매우 중요한 정보를 알리기 위해 작성되기 때문에 전달하고자 하는 정보가 정확하고도 간결하게, 그리고 이해하기 쉽게 작성될 필요가 있다. 그러나 복잡한 정보를 알기 쉽게 전달하는 과정에서 다수의 정보를 지나치게 축약해 표현할 경우 내용이 모호해지고 정확성이 떨어질 우려가 있어 주의해야 한다. 또한 작성 주체가 정부나 공공 기관이고 전달 대상이 일반 국민이라는 점에서 국민 친화적이어야 한다는 특징이 있다. 특히 사업 공고

문과 채용 공고문은 사업을 발주하고 인력을 채용하는 입장에 놓여 있는 주체가 정부나 공공 기관이기 때문에 문서의 내용이나 표현이 권위적이 될 가능성이 더 크다고 할 수 있다. 이러한 특징으로 인해 공고문에서는 정보의 정확성이 문제시되는 어문 규범과 관련된 오류 외에도 비효율적인 정보 제시 방법과 권위적이고 단정적인 어휘나 표현 사용이 문제가 될 수 있다. 따라서 공고문을 작성할 때는 이 같은 사항들에 특별히 주의를 기울일 필요가 있다. 공고문에 자주 나타나는 오류의 유형으로는 다음과 같은 사항들을 들 수 있는데, 제시된 사례를 참고하여 공고문의 주요 정보가 대중에게 정확하고 효과적으로 전달되도록 할 필요가 있다.

정확한 언어를 사용하였는가?

공고문이 제시하는 정보는 독자에게 그 중요성이 크므로 가능한 한 정확한 정보를 전달하는 것이 매우 중요하다. 따라서 맞춤법이나 띄어쓰기 등을 어문 규범에 맞게 적용하여 가독성을 높이고 의미를 분명하게 전달할 필요가 있다. 띄어쓰기의 경우 단어 단위로 띄어 쓰는 원칙에 따라 한 단어인 경우에는 붙여 쓰고 그렇지 않을 경우 띄어 쓴다. 이때 사전을 검색하여 사전에 표제어로 올라 있으면 한 단어이고 그렇지 않으면 한 단어가 아니므로 띄어 써야 한다. 한 문서 내에서 띄어쓰기가 어느 하나로 통일성 있게 지켜지는 것도 중요하다. 그리고 유의어가 나열되어 의미의 중복이 일어나지 않도록 하는 것이 좋다.

예시		권장 표현
기타 참여 신청 자격에 제한이 없는 사람	⊃	참여 자격을 제한하는 사항에 해당하지 않는 사람

위의 예에서 '참여'와 '신청'은 유의어이므로 의미가 중복적으로 제시되어 이해를 방해한다. 그리고 '참여 신청 자격에 제한이 없는'보다는 '참여 자격을 제한하는 사항에 해당하지 않는' 또는 '신청 자격을 제한하는 사항에 해당하지 않는'으로 쓰는 것이 훨씬 더 의미가 명료하게 전달된다.

예시		권장 표현
지역 및 연도에 따라 <u>그룹적인 차이</u>를 보였으며 모든 CV-A10은 RGD 모티프를 가지고 있는 것으로 나타났음.	⊃	지역 및 연도에 따라 <u>그룹 간에 차이</u>를 보였으며 모든 CV-A10은 RGD 모티프를 가지고 있는 것으로 나타났음.

위의 예는 '그룹에 따른 차이'를 나타내는 표현으로 '그룹적인 차이'를 사용한 것이다. '-적'은 '그러한 성격을 띠는', '그에 관계된'의 의미를 갖는 접미사로서 명사 뒤에서 해당 의미를 나타낸다. 그러나 어떤 경우에는 '-적'이 결합하여 이루어진 파생어가 어색하게 느껴질 뿐 아니라 의미가 명확하게 전달되지 않는 문제가 생길 수도 있으므로 사용에 주의해야 한다. 이 경우에는 '그룹 간에 차이'로 쓰는 것이 의미도 정확히 전달할 수 있고 자연스럽게 느껴진다.

예시		권장 표현
실시간으로 유전 정보 공유, 분석, <u>저장을 용이 하기 위한</u> 데이터베이스 및 인프라 구축 사업 운영 예정	⊃	실시간으로 유전 정보 공유, 분석, <u>저장을 용이하게 하기 위한</u> 데이터베이스 및 인프라 구축 사업 운영 예정

위의 예에서는 '용이하다'가 '-기 위한'과 함께 사용되어 목적을 나타내고 있는데 '용이하다'는 동사가 아니라 형용사이므로 문맥상 이를 '용이하게 하기 위한'으로 바꾸어 쓸 필요가 있다. 이때 어간 '용이'와 접사 '하다'는 서로 붙여 써야 하므로 '용이 하게'가 아니라 '용이하게'로 쓴다.

알기 쉽게 풀어서 작성하였는가?

공고문은 복잡한 내용을 간결하게 작성하기 위해 명사 나열식 표현을 사용함으로써 내용이 지나치게 축약되어 의미가 불분명해지는 경우가 있다. 즉, 간결하게 나타내고자 문장보다는 구 형식으로 종결하는 경우가 많은데 이 과정에서 정보를 압축적으로 제시하는 어려운 한자어가 사용되어 독자가 이해하기 어려운 표현이 되는 경우가 많다. 낯선 한자어와 문장 구조가 분명하지 않은 구 단위 표현을 사용하면 자칫 의미가 제대로 전달되지 않을 수 있다. 따라서 낯설고 어려운 한자어 대신 알기 쉬운 말을 사용하고, 문장으로 상세히 풀어서 의미를 전달하는 것이 좋다.

예시		권장 표현
"인터넷발급"이란 <u>인터넷을 통한 조회·발급 및 신청인의 전자우편주소로 전송하는 것</u>을 말한다.	⇨	"인터넷 발급"이란 <u>인터넷을 통해 서류를 조회·발급하거나 신청인의 전자우편 주소로 서류를 전송하는 것</u>을 말한다.

위의 예는 '인터넷을 통한 조회·발급'과 '신청인의 전자 우편 주소로 전송하는 것'이 서로 대등하게 연결되어 있으나 형식이 상이하여 균형이 맞지 않고 의미도 불분명해지는 문제가 있다. 따라서 '인터넷을 통해 서류를 조회·발급하거나'와 같이 서술어를 넣어서 '전자우

편 주소로 전송하는'과 같은 구조로 대등하게 연결되도록 하는 것이 의미적으로도 더욱 분명한 서술이 될 수 있다.

예시		권장 표현
<u>개인정보 제공 동의는 지원 시 별도 절차 진행</u>	⇨	<u>개인정보 제공에 대한 동의는 지원 시 별도의 절차로 진행됩니다.</u>

위의 예에서 쓰인 '지원 시 별도 절차 진행'이라는 명사 나열식 구성은 간결하다는 장점이 있지만 의미의 구성이 명확하지 않아 독자가 이해하기 어렵다. 특히 채용 절차와 같이 개인에게 중요한 정보는 더욱 알기 쉽고 분명하게 전달할 필요가 있다. 따라서 '지원 시 별도의 절차로 진행됩니다'와 같이 문장으로 풀어 씀으로써 의미를 명확히 전달하는 것이 적절하다.

예시	○ (1차 평가) <u>지원 사업 담당자 평가</u> ○ (2차 평가) <u>홍보·언론 관련 업무 종사자 외부 인원</u> 및 지원 사업 담당자로 심사단 구성 – <u>각 기관 담당자별 사업 계획 20분간 발표</u> ○ (최종 선정) <u>참가 기관을 평가, 1차 평가·2차 평가 합계 점수가 70점 이상인 기관 中</u> 최고득점 순으로 선정
↕	
권장 표현	○ (1차 평가) <u>지원 사업 담당자가 평가함</u> ○ (2차 평가) <u>홍보·언론 관련 업무에 종사하는 외부 인원</u> 및 지원 사업 담당자로 심사단을 구성함 – <u>각 기관 담당자별로 사업 계획을 20분간 발표</u> ○ (최종 선정) <u>1차 평가와 2차 평가를 합산한 점수가 70점 이상인 참가 기관 중에서</u> 최고득점 순으로 선정

위의 예에서도 마찬가지로 '지원 사업 담당자 평가', '홍보 · 언론 관련 업무 종사자 외부 인원', '각 기관 담당자별 사업 계획 20분간 발표' 등 명사 나열식 표현이 많은데 지나치게 축약되어 이해하기가 어렵다. 각각 '지원 사업 담당자가 평가함', '홍보 · 언론 관련 업무에 종사하는 외부 인원', '각 기관 담당자별로 사업 계획을 20분간 발표'와 같이 각 구성 성분들의 의미 관계가 잘 드러날 수 있도록 풀어 쓰는 것이 좋다. 또한 '참가 기관을 평가, 1차 평가 · 2차 평가 합계 점수가 70점 이상인 기관 中 최고득점 순으로 선정'의 경우에는 '참가 기관을 평가'와 그 이하의 내용 간의 연결 관계가 잘 드러나지 않아 의미를 파악하기 어렵다. 그러므로 이를 '참가 기관을 평가하여'로 수정해 연결 관계를 분명히 하거나, 이어지는 문장에서 '1차 평가와 2차 평가' 등 참가 기관을 대상으로 평가를 시행한다는 것이 명백한 맥락이 구성되므로 삭제하는 것이 좋겠다.

예시		권장 표현
※ (법정 가점) 모집 단위별 채용 인원이 3인 이하인 경우 <u>취업 지원 대상자 법정 가점 미부여</u>(국가유공자법 제31조). <u>단, 최종 합격자 결정 시 동점자 우대 처리</u>	⊃	※ (법정 가점) 모집 단위별 채용 인원이 3인 이하인 경우 <u>취업 지원자에게 법정 가점을 미부여함</u>(국가유공자법 제31조). <u>단, 최종 합격자 결정 시 동점자가 있을 경우 법정 가점을 부여하여 우대 처리함.</u>

위의 예에서는 '취업 지원 대상자 법정 가점 미부여'에서 '취업 지원 대상자'가 누구인지 불분명하므로 '취업 지원자'로 수정하고, 이어지는 '단, 최종 합격자 결정 시 동점자 우대 처리'와 앞선 '법정 가점 미부여'가 서로 의미적으로 연결이 되지 않아 '동점자 우대 처리' 기준의 파악이

어려우므로 '단, 최종 합격자 결정 시 동점자가 있을 경우 법정 가점을 부여하여 우대 처리함'으로 수정하여 의미를 분명히 할 필요가 있다.

정보를 산발적으로 제시하지 않았는가?

공고문은 많은 양의 복잡한 정보를 전달하기 때문에 여러 정보가 일정한 순서 없이 나열되기 쉽다. 정보가 일정한 순서나 위계 없이 마구잡이로 제시될 경우 독자가 필요한 정보를 제대로 찾지 못할 우려가 있다. 따라서 제시할 정보가 많을 경우에는 정보를 종류별로 유형화하여 제시하거나 시간의 순서 또는 일 처리의 진행 단계에 따라 위계화하여 제시할 필요가 있다. 또는 각각의 정보를 알아보기 쉽도록 시각적으로 목록화한다.

예시	제안서, 증빙 및 요구 자료 등을 허위로 제출하거나 사업 계획을 충실히 이행하지 않은 경우, 사업비의 목적 외 사용하거나 집행 내역의 증빙·소명이 불충분한 경우, 관련 법규 및 지침 등을 준수하지 않은 경우, 사회적 명예 실추로 기관이 공사 이미지를 손상할 우려가 있을 경우에는 향후 우리 기관의 사업 공모 참여 자격을 제한할 수 있음.
	⊕
권장 표현	다음과 같은 경우에 해딩할 경우에는 향후 우리 기관의 사업 공모에 참여를 제한할 수 있습니다. • 제안서, 증빙 및 요구 자료 등을 허위로 제출한 경우 • 승인 받은 사업 계획을 충실히 이행하지 않은 경우 • 사업비의 목적 외 사용 및 집행 내역의 증빙·소명이 불충분한 경우 • 관련 법규 및 지침 등을 준수하지 않은 경우 • 기관의 사회적 명예가 실추되어 공사의 이미지를 손상할 우려가 있을 경우

위의 예는 하나의 문장에 정보를 지나치게 많이 나열하고 있어 독자가 필요한 정보를 파악하기 어렵다. 특히 사업 공고문이나 채용 공고문에서 신청 자격이나 유의 사항을 안내할 때 정보를 한 문장 안에 나열식으로 제시하는 경우를 종종 볼 수 있는데, 이러한 경우에는 정보를 산발적으로 나열한 듯한 인상을 주기 쉽다. 이때에는 각 항목에 번호를 붙이거나 항목을 나누어서 제시하는 것이 정보를 한눈에 파악하기에 용이하다.

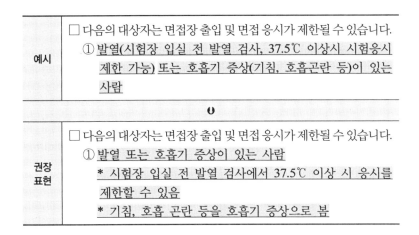

위의 예에서는 상세한 관련 정보를 괄호로 제시하고 있는데 괄호 안에 포함된 정보가 지나치게 많아서 가독성이 떨어진다. 또한 괄호를 여러 번 사용하고 있어 본래 전달하고자 하는 주요한 정보와 부차적인 정보가 구분되지 않는다. 이런 경우에는 괄호를 삭제하고 괄호 안의 내용을 각주 형식으로 제시하여 주요한 정보와 부차적인 정보가 구분되도록 하면 좋다.

정보를 논리적으로 제시하였는가?

공고문에 제시되는 여러 정보들은 표현상 오해의 소지가 있어서는
안 되며 서로 모순되지 않아야 한다. 문서 내에서 일관된 표현을 사용
하고 정보의 성격과 유형을 구분하여 내용을 논리적으로 일관성을 갖
춰 제시할 필요가 있다.

예시	⑤ 대출 제한 사유에 해당하지 아니할 것 ※ 신청 가능 자격 ◦ 1개 대표 기업: 개인 사업자 1인이 사업자 등록 번호가 다른 다수의 개인기업을 영위할 경우, 1개 대표 기업(대표 사업자 번호)에 대한 대출만 신청 ◦ 대표자 1인 기업: 2인 이상의 공동 대표자에게 각각 대출을 실행하는 것이 불가능하므로, 대표자 1인을 정하여 대출 신청 ◦ 법인 사업자는 공동 대표 이사 모두의 연서를 통해 대출 신청
	⇕
권장 표현	⑤ 다음의 경우에 해당할 것 ※ 대출 신청이 가능한 경우 ◦ 1개 대표 기업: 개인 사업자 1인이 사업자 등록 번호가 다른 다수의 개인 기업을 영위할 경우, 1개 대표 기업(대표 사업자 번호)에 대한 대출만 신청 ◦ 대표자 1인 기업: 2인 이상의 공동 대표자에게 각각 대출을 실행하는 것이 불가능하므로, 대표자 1인을 정하여 대출 신청 ◦ 법인 사업자: 공동 대표 이사 모두의 연서를 통해 대출 신청

위의 사업 공고문에서는 대출 신청이 가능해야 해당 사업을 신청할

수 있다는 내용을 제시하고 있다. 그런데 앞부분에서 '대출 제한 사유에 해당하지 아니할 것'이라고 명시하였다면 뒷부분에서는 '대출 제한 사유'를 제시하는 것이 논리적인 서술이 될 텐데 뒷부분에서 '대출 신청 자격'을 제시함으로써 정보를 비논리적으로 제시하고 있다. 따라서 '대출 제한 사유에 해당하지 않을 것'을 '대출 신청 자격이 가능한 경우'로 수정하여 뒤에 이어지는 내용과 논리적으로 배치되도록 할 필요가 있다.

예시	○ 단속 대상 시설
	  – 공원, 쉼터, 등산로, 시설 녹지 내 마스크 착용 유무 단속
	  – 관내 공원, 쉼터, 등산로, 시설녹지 내 퍼골라, 데크, 운동장 등 사람들이 모일 수 있는 시설의 폐쇄 및 출입 여부 등

	⬍

권장
표현
	○ 단속 대상 시설 및 단속 내용
	  – 단속 대상 시설: 공원, 쉼터, 등산로, 시설 녹지
	  – 단속 내용: 단속 시설 내 마스크 착용 유무, 폐쇄된 대상 시설의 출입 여부 등

위의 예에서는 '단속 대상 시설'이라 명시하면서 뒷부분에 '마스크 착용 유무'나 '출입 여부'와 같은 단속 내용을 함께 제시하고 있다. 뒷부분의 정보를 고려하여, 앞부분에서는 '단속 대상 시설 및 단속 내용'을 명시하고 뒷부분에서는 이 두 정보를 분명하게 구분해 보여주어야 한다.

권위적인 표현을 삼갔는가?

공고문은 사업이나 채용의 주체가 정부나 공공 기관이라는 점에서 자칫 내용 전달의 방식이나 표현이 권위적이 될 수 있다. 또한 선정

과정에서 공정성을 기하기 위해 책임의 소재를 명확히 하는 과정에서 권위적으로 느껴지는 표현이 사용될 수 있다. 그러나 읽는 이가 일반 국민인 만큼 권위적인 표현은 지양해야 한다. 특히 책임의 소재를 직접적으로 언급하는 표현이 권위적으로 느껴지지 않도록 주의해야 한다.

예시	• 제출 서류 누락 또는 미숙지로 인한 불이익은 신청 기관 책임으로 함
↻	
권장 표현	• 신청 기관은 제출 서류가 누락되지 않도록 하고 제반 사항을 숙지하여 불이익을 받지 않도록 하여야 함

예시	고의 · 과실 여부를 불문하고 허위 자료를 제출하거나 기타 중요사항을 누락하는 경우 이에 따른 불이익과 그 책임은 해당 사업자에게 귀속됨
↻	
권장 표현	고의 · 과실 여부에 관계없이 허위 자료를 제출하거나 기타 중요사항을 누락하는 경우 불이익을 받을 수 있으므로 주의하시기 바랍니다.

위의 두 가지 예는 모두 권위적 표현을 사용하고 있다. 첫 번째 예에서는 신청 기관에게 생길 수 있는 불이익의 책임 소재를 명확히 하려는 의도에서 '불이익은 신청 기관 책임으로 함'이라는 표현을 사용하였고, 두 번째 예에서는 '불이익과 그 책임은 해당 사업자에게 귀속됨'이라고 하였으나, 불이익의 가능성과 책임의 소재가 직접적으로 독자에게 있다고 표현함으로써 권위적인 표현으로 인식될 수 있다. 이를

'반드시 숙지해야 한다'나 '불편함이 있을 수 있다' 또는 '주의하여야 한다'는 표현으로 수정한다면 안내 사항을 충분히 전달하면서도 권위적인 표현을 피할 수 있을 것이다. 첫 번째 예에서는 '~을 숙지하여 불이익을 받지 않도록 하여야 함'으로 수정함으로써 그리고 두 번째 예에서는 '~는 경우 불이익을 받을 수 있으므로 주의하시기 바랍니다'라고 수정함으로써 신청 기관이 어떤 경우에 불이익을 받을 수 있는지 제시하고 이에 대한 주의를 환기하는 방식을 사용하였다.

사업 공고문과 채용 공고문의 경우에는 선정 및 선발 과정에서의 공정성이 중요하기 때문에 자격 요건이나 선정 및 선발 절차에 대한 안내에서 단정적인 표현이 사용되는 경우가 많다. 그러나 공고문은 일반 국민을 대상으로 하므로 독자에게 권위적으로 느껴질 수 있는 단정적인 표현의 사용은 지양하는 것이 좋다.

예시	창고 요건: 창고로 사용하려는 건물의 벽, 문 등 주류를 보관하는 창고로서 기능하기 위하여 <u>**필요한 외형을 갖출 것**</u>
	↻
권장 표현	창고 요건: 창고로 사용하려는 건물의 벽, 문 등 주류를 보관하는 창고로서 기능하기 위하여 <u>**필요한 외형을 갖추어야 함.**</u>

예시	※ 기타 사항 가. 제출 서류에 해당되는 사항에 <u>**빠짐이 있어서는 안 되며, 접수된 서류는 반환하지 않음**</u> 나. 지원서에 참여하고자 하는 전문분야를 반드시 "√"<u>**표시할 것**</u> 다. 기타 문의 사항은 철도차량부품개발사업단(☎042-615-5962, 황○○)로 <u>문의 바람</u>
	↻

권장 표현	※ 기타 사항 가. 제출 서류에 해당하는 사항은 **빠짐없이 작성하여야 하며, 접수된 서류는 반환하지 않습니다.** 나. 지원서에 참여하고자 하는 전문 분야를 '**√**' **표시 해 주시기 바랍니다.** 다. 기타 문의 사항은 철도차량부품개발사업단(☎042-615-5962, 황○○)으로 **문의하여 주십시오.**

위의 두 가지 예 모두 자격 요건이나 신청과 관련된 안내 사항을 설명하면서 '갖출 것', '표시할 것'과 같은 명령형을 사용하거나 '빠짐이 있어서는 안 되며', '접수된 서류는 반환하지 않음', '문의 바람'과 같이 단정적이고 딱딱한 표현을 사용하고 있다. 단정적 표현의 사용은 내용을 명확하게 전달하는 효과가 있으나 권위적으로 느껴질 수 있으므로 일반 국민이 친숙하게 읽을 수 있도록 '갖추어야 함', '빠짐없이 작성하여야 하며', '접수된 서류는 반환하지 않습니다', '문의하여 주십시오'와 같이 구체적이고 일상적인 표현으로 바꾸는 것이 좋다.

공고문 작성의 실제

다음은 개선이 필요한 공고문의 예시이다. 공고문을 작성할 때에 주의해야 할 사항들을 고려하여 수정해 보자.

행복복지재단 청년 인턴 채용 공고

■ 채용 인원: 총 30명

■ 응시 자격 요건

○ 아래 요건을 모두 충족하는 사람

√ 「청년고용촉진특별법시행령」제2조에 따라 계약일 기준 만 15세 이상 만 34세 이하(1987. 7. 28. ~ 2007. 7. 27. 출생자)인 자

√ 계약일부터 주 5일·전일제(09:00 ~ 18:00) 근무가 가능한 자

■ 담당업무

– 건강보험 및 장기요양보험 관련 행정 업무 지원 등

■ 전형 절차 및 일정

공고 · 접수	서류 심사	면접 심사	최종 합격
온라인	정량, 정성	경험, 행동 면접	계약 · 배치

○ 지원서 접수

– 접수 기간: 2022. 5. 20.(금) 10:00~6. 3.(금) 17:00까지

– 접수 방법: 인터넷 접수(https://nhis-intern.incruit.com)만 가능

○ 서류 심사

–(심사 방법) 자격 요건 확인 및 직무 능력 중심 정량·정성 평가

–(합격자발표) 2022. 6. 23.(목) 예정

○ 증빙 서류 제출

–(제출 대상) 서류 심사 합격자(증빙 서류 미제출자 면접 응시 불가)

–(제출 기간) 2022. 6. 23(목)~6. 27(월) 10:00까지

○ 면접 심사
 －(면접 대상) 서류심사 합격자 중 증빙 서류 제출자
 －(면접 기간) 2022. 7. 11.(월)~7. 15.(금) 중 실시 예정
 －(면접 장소) 본부 및 6개 지역 본부 예정
 －(면접 방법) 인성 및 직무 관련 다대다 경험 행동 면접

○ 최종 합격
 －(최종 합격자 발표) 2022. 7. 22.(금) 예정

※ 문의사항은 담당자(000-000-000)에게 연락 바람.
※ 증빙 서류 누락 및 기한 내 미응시로 인한 책임은 온전히 응시자에게
 있음.

행복복지재단 청년 인턴 채용 공고

■ 채용⌄인원: 총 30명

■ 응시 자격 요건
○ 아래 요건을 모두 충족하는 사람
　√ 「청년고용촉진특별법시행령」제2조에 따라 계약일 기준 만 15세
　　이상 만 34세 이하(1987. 7. 28. ~ 2007. 7. 27. 출생자)인 자 (사람)
　√ 계약일부터 주 5일・전일제(09:00 ~ 18:00) 근무가 가능한 자 (사람)

■ 담당⌄업무
－건강보험 및 장기요양보험 관련 행정 업무 지원 등

■ 전형 절차 및 일정

공고・접수	▶	서류 심사	▶	면접 심사	▶	최종 합격
온라인		정량, 정성		경험, 행동 면접		계약・배치

○ 지원서 접수
－접수 기간: 2022. 5. 20.(금) 10:00~6. 3.(금) 17:00까지
－접수 방법: 인터넷 접수(https://nhis−intern.incruit.com)만 가능

○ 서류 심사
－(심사 방법) 자격 요건 확인 및 직무 능력 중심 정량・정성 평가
－(합격자 발표) 2022. 6. 23.(목) 예정

○ 증빙 서류 제출
－(제출 대상) 서류 심사 합격자(증빙 서류 미제출자 면접 응시 불가)
－(제출 기간) 2022. 6. 23.(목)~6. 27.(월) 10:00까지

○ 면접 심사
- (면접 대상) 서류심사 합격자 중 증빙 서류 제출자
- (면접 기간) 2022. 7. 11.(월)~7. 15.(금) 중 실시 예정
- (면접 장소) 본부 및 6개 지역 ~~본부 예정~~ 본부에서 실시 예정
- (면접 방법) 인성 및 직무 관련 다대다 경험 행동 면접

○ 최종 합격
- (최종 합격자 발표) 2022. 7. 22.(금) 예정

※ 문의사항은 담당자(000-000-000)에게 연락 ~~바람~~ 주시기 바랍니다

※ ~~증빙 서류 누락 및 기한 내 미응시로 인한 책임은 온전히 응시자에게 있음~~
증빙 서류가 누락되지 않도록 주의하시고, 기한 내 반드시 응시하여 주시기 바랍니다

제2장

보도 자료,
대중의 입장에서
알기 쉽게 쓰자

보도 자료란 국민에게 널리 알려야 할 특정한 정책이나 사업 내용을 언론 매체에서 쉽게 보도할 수 있도록 정리한 문서와 시청각 매체를 말한다. 즉 보도 자료는 언론 기관의 기자를 1차 수신자로 한다. 그러나 보도 자료는 이를 작성한 공공 기관의 누리집에서도 공개되므로 대중도 그 내용을 직접적으로 접할 수 있다. 따라서 보도 자료는 그 영향력을 고려하여 정확하고 올바르게 작성하는 것은 물론이고, 대중의 입장에서 이해하기 쉽게 쓸 필요가 있다.

보도 자료의 유형

보도 자료는 목적에 따라 다음의 세 가지 유형으로 나뉜다.

○ 정책 안내형 보도 자료

사업, 행사, 법령 등 공공 기관에서 시행하는 다양한 정책 내용을 안내하는 보도 자료이다. 따라서 안내의 대상이 되는 정보를 널리 알리는 것뿐만 아니라 국민의 참여를 이끌어 내도록 작성되는 특징이 있다.

- 정책 안내형 보도 자료 제목 예시
  - 정부 혁신, 정책 실명제로 국민과 소통한다
  - 지진 바로 알기, 반짝이는 생각 모여라!
  - 부동산실명법 과징금 분할납부제 등 시행

○ 정보 제공형 보도 자료

일상생활에서 도움이 되는 정보, 조사 결과 정보, 업무 성과 정보 등 공공 기관에서 생산되는 다양한 정보를 제공하는 보도 자료이다. 따라서 정보의 유형과 성격에 따라 조금 더 효과적으로 정보를 제공하고 전달할 수 있는 방법을 고려하며 국민의 알 권리 충족이라는 목적을 달성할 수 있게 작성되는 특징이 있다.

- 정보 제공형 보도 자료 제목 예시
  - 식물에도 '궁합'이 있다 -함께 심으면 좋은 '동반 식물'-
  - 방송에서 '셰프', '리스펙트' 등 외래어 다수 사용
  - 산림 병해충 방제 컨설팅 사업 효과

○ 기타

정책 안내형 보도 자료, 정보 제공형 보도 자료 외에 공공 기관의 입장이나 주요 인사의 동정을 설명하는 보도 자료이다. 기타 보도 자료는 입장 설명형 보도 자료와 동정 자료형 보도 자료로 나뉜다. 입장 설명형 보도 자료는 특정 사안을 설명하고 공공 기관의 입장 및 견해를 밝히는 보도 자료로, 공공 기관의 입장을 명확히 밝혀 국민이 공공 기관의 입장을 납득하고 이해할 수 있도록 작성되는 특징이 있다. 동정 자료형 보도 자료는 공공 기관 주요 인사의 동정과 이와 관련된 입장 등을 설명하는 보도 자료를 말한다.

- 입장 설명형 보도 자료 제목 예시
  - 대북 식량 지원 관련 ○○일보 보도 관련 입장

- 동정 자료형 보도 자료 제목 예시
  - ○○부 제2차관, 한일 문화 교류 기금 대표단 접견

보도 자료의 구성

일반적으로 보도 자료는 '보도 자료 정보 + 내용 정보 + 부가 정보 (생략 가능)'의 형식을 갖추어 작성된다.

보도 자료 정보	• 기관 정보: 기관 이름, 기관 상징, 표어 등 • 일시 정보: 보도 일시, 배포 일시 • 작성자 정보: 담당 부서, 책임자, 담당자, 연락처 등
내용 정보	• 제목: 표제와 부제 • 주제문(리드문) • 본문
부가 정보	• 붙임 자료 • 공공누리 등

보 도 자 료

0000년 00월 00일 00시 00분부터 보도해 주시기 바랍니다.

배포 일시: 0000년 00월 00일	쪽　수: 0쪽(붙임 0쪽 포함)
담당 부서: 0000과	전　　화: 000-000-0000
담 당 자: 과장 000	전자우편: korea@123.kr

표 제
-부제-

○ [주제문(리드문)] (누가, 언제, 어디서, 무엇을, 어떻게, 왜)

○ [핵심 정보]
　-[세부 정보]

[시각 자료]

붙임 1. [붙임 자료 제목]

보도자료정보

내용정보

부가정보

보도 자료에는 자료의 내용과 관련하여 더 자세한 내용을 알고자 할 때 문의가 가능하도록 자료 제공자(담당자)의 정보가 제시되어 있어야 한다. 또한 보도 자료를 작성할 때에는 독자가 핵심 내용을 먼저 한눈에 확인할 수 있도록 전체 내용의 주제문(리드문)을 본문의 맨 앞에 제시하는지도 확인해 보아야 한다. 본문의 내용이 제목에 맞게 정보를 충분히 제공하고 있는지 혹은 잉여적인 정보를 제시하고 있지는 않은지도 살핀다.

보도 자료의 요건

보도 자료를 작성할 때에는 보도 자료가 갖추어야 할 다음의 요건들이 고루 갖추어져 있는지를 고려하여 작성하여야 한다.

- 쉽고 친근한 어휘 사용
- 적절한 길이의 문장
- 적절한 양의 정보
- 객관성, 신뢰성, 공정성
- 인용 자료의 정확한 출처

보도 자료는 전달하고자 하는 내용의 양이 지나치게 많을 수도 있고, 반대로 지나치게 소략하여 구체적이고 상세한 설명이 추가로 필요한 경우도 있을 수 있다. 따라서 보도 자료에는 적절한 양의 정보를 담아야 한다. 또한 특히 보도 자료에서 사용한 정책 용어는 그대로 언론에 보도되어 대중의 국어 생활에 영향을 끼치므로 보도 자료를 작성할 때에는 정책 용어를 쉽고 올바른 우리말로 작성하도록 노력해야 한다.

보도 자료 작성에서 고려해야 할 항목

보도 자료를 작성할 때에 고려해야 할 내용은 몇 가지 유형으로 나뉜다. 보도 자료를 작성할 때에는 특히 아래의 오류 유형들에 주의하여 정확하고 소통성 있는 글이 되도록 검토할 필요가 있다.

표기 · 표현 감수

○ 띄어쓰기 점검하기

보도 자료에서 가장 많이 나타나는 오류 유형은 '띄어쓰기 오류'이다. 특히 보도 자료를 작성할 때에는 주요 행정 용어의 띄어쓰기에 오류가 없는지 주의 깊게 살펴 작성한다. 단어 단위로 띄어 쓴다는 원칙에 따라, 『표준국어대사전』이나 『우리말샘』을 검색하여 한 단어인지를 반드시 확인할 필요가 있다.

주요내용 → 주요 내용

예를 들어 '주요 내용'은 하나의 단어가 아니므로 띄어 쓰도록 수정한다. 이 외에도 '유관기관' 등 명사 나열형 단어를 사용할 때에도 자칫 모든 단어를 붙여 쓰는 오류를 범하기 쉬운데, 표준국어대사전에서 검색하여 한 단어인지 확인한 후 한 단어가 아니라면 모두 띄어 써야 한다.

두명까지 → 두 명까지

보도 자료에서는 '송이, 개, 명' 등의 단위성 의존 명사를 붙여 쓰는 오류도 빈번히 나타난다. 선행 체언이 아라비아 숫자라면 붙여 쓸 수 있지만, 한글로 적혀 있는 경우에는 뒤에 오는 단위성 의존 명사를 반드시 띄어 써야 한다.

위 내용을 <u>한 번</u> 검토해 주세요. → 위 내용을 <u>한번</u> 검토해 주세요.

'한번/한 번'은 의미에 따라 띄어쓰기가 달라진다. '한번 검토해 주세요'에서 '한번'은 어떤 일을 시험 삼아 시도함을 뜻하므로 이때의 '한번'은 한 단어인 부사이다. 따라서 이 문맥에서는 붙여 쓰는 것이 맞다.

○ 문장이나 **표현**이 자연스러운지 확인하기
보도 자료의 일부 표현은 문법적으로나 논리적으로 부자연스러운 경우가 있다. 보도 자료를 작성할 때에는 표현 간의 문법적인 관계가 분명하도록, 그리고 내용이나 논리에 오류가 없도록 확인할 필요가 있다.

공단은 코로나19 감염증 확산으로 인한 <u>의료 서비스 수요 증가와 인력과 시설 부족 등으로 인한</u> 의료 기관 경영의 어려움을 덜어 주기 위하여 아래와 같이 요양 급여 비용을 조기 지급합니다.
→ 공단은 코로나19 감염증 확산으로 인한 의료 기관 경영의 어려움을 덜어 주기 위하여 아래와 같이 요양 급여 비용을 조기 지급합니다. (밑줄 부분 삭제)

위의 예는 '~으로 인한'을 사용한 수식어를 거듭하고 있어 부자연스럽게 읽힌다. 위 문장에서 가장 중요한 사실은 '요양 급여 비용을 조

기 지급'한다는 것이므로, 과도하고 장황한 수식어는 삭제하여 간단
명료한 문장이 되도록 수정한다.

> 문제는 민원인이 총 00명으로 가장 **많다**.
> → 문제는 민원인이 총 00명으로 가장 **많다는 것이다**.

'문제는'과 서술어 '많다'가 호응하지 않으므로 문장 성분이 호응
하여 자연스러운 문장을 이룰 수 있도록 문장을 수정한다.

○ 생략된 문장 성분이나 정보를 확인하여 채워 넣기

보도 자료의 문장에서 필수적인 문장 성분이나 정보 등이 생략되어
있는 경우가 있다. 보도 자료를 작성할 때에는 생략된 문장 성분이나
정보 등이 없는지 반드시 확인하고 생략된 것이 있다면 확인하여 문장
에 추가하여야 한다. 추가하는 내용은 어휘 또는 어절 이상의 단위가
될 수 있다.

> '인터넷발급'이란 인터넷을 통한 **조회·발급** 및 신청인의 전자 우편
> 주소로 전송하는 것을 말한다.
> → '인터넷 발급'이란 인터넷을 **통해 서류를 조회·발급하거나** 신청
> 인의 전자우편 주소로 **서류를** 전송하는 것을 말한다.

위의 예에서 조회·발급하는 행위의 목적어가 제시되어 있지 않아
전달하는 의미가 불분명하다. 전달하는 의미가 분명해지도록 생략된
목적어 '서류를'을 추가할 필요가 있다.

> 전화번호의 지역(4자리), 국(4자리), 번호(4자리)<u>로</u> 수록합니다.

→ 전화번호는 지역(4자리), 국(4자리), 번호(4자리)<u>의 순서로</u> 수록
합니다.

전화번호를 지역, 국, 번호로 수록한다는 문장은 의미가 불분명하
여 무엇을 의미하는지 제대로 이해하기 어렵다. 지역, 국, 번호의 순서
라는 뜻이 전달될 수 있도록 생략된 표현인 '순서로'라는 표현을 추가
한다.

○ 문장 부호를 정확하게 사용하기

보도 자료를 작성할 때에는 문장 부호도 검토 대상으로 삼아 문장
부호 규정에 어긋난 경우가 있지는 않은지 확인하여야 한다.

통증이 없는 <u>"사랑니"</u> 꼭 뽑아야 할까요?
→ 통증이 없는 <u>'사랑니'</u>, 꼭 뽑아야 할까요?

위의 예에서 큰따옴표(" ")로 묶은 '사랑니'는 직접 대화나 직접 인
용이 아니므로 큰따옴표(" ")가 아니라 작은따옴표(' ')로 수정하여야
한다.

○ 부적절한 어휘가 없는지 확인하기

이는 보도 자료에서 잘못된 어휘가 사용된 경우, 어려운 한자어가
사용된 경우, 부정확한 어휘가 사용된 경우, 맥락상 어색한 어휘가 사
용된 경우가 모두 이 유형에 포함된다. 보도 자료를 작성할 때에는 정
확한 정보가 전달되도록 부적절한 어휘를 적절한 어휘로 바꾸어 줄
필요가 있다.

직무 분야와 관련된 학사 학위 이상의 학위를 취득한 사람

→ 직무 분야와 관련된 학사 이상의 학위를 취득한 사람

'학위'를 중복하여 사용할 필요가 없는 문맥이므로 중복되는 어휘를 삭제한다.

기존의 연공서열 관행을 탈피하고

→ 기존에 근속 연수, 나이에 따라 승진하던 관행을 탈피하고

'연공서열(年功序列)'은 공공언어에서 자주 쓰이는 말이지만 그 뜻을 곧바로 정확하게 파악하기 어려운 한자어이다. 의미를 고려해 최대한 쉬운 말로 풀어 쓴 표현으로 수정한다.

Korea Symphony Orchestra

→ 코리아 심포니 오케스트라(Korea Symphony Orchestra)

외국어를 보도 자료에 그대로 드러내면 대중이 보도 자료의 내용을 쉽게 파악하기 어렵다. 외국어가 그대로 표기된 것은 한글로 표기한 후 외국어를 괄호 안에 병기하는 형태로 수정한다.

조선 후기 초상화 연구에 중요한 참고가 된다.

→ 조선 후기 초상화 연구에 중요한 자료가 된다.

위의 예에서는 어떠한 '문헌 자료'에 대한 설명을 하는 문맥임을 반영하여 의미가 정확히 전달되도록 정확한 어휘로 수정한다.

○ 외국어·외래어의 오남용은 없는지 확인하기

보도 자료에서는 외국어와 외래어의 사용도 빈번하다. 문서 안에 지나치게 많은 외국어, 외래어가 사용되거나 낯설어 뜻을 파악하기 어려운 외국어, 외래어가 사용되면 공공언어의 소통성을 해치므로 되도록 쉬운 우리말로 수정해 주는 것이 좋다.

> 러닝타임(running time) → 상영 시간
> 프로세스(process) → 절차
> 쿠키(cookie) → 웹사이트 방문 기록
> WHO(World Health Organization) → 세계보건기구[WHO]

또한 WHO와 같이 외국어로 된 전문 용어나 약어를 그대로 보도 자료에 드러내면 대중이 보도 자료의 내용을 쉽게 파악하기 어려우므로 먼저 우리말로 풀어 써 주고, 외국어 전문 용어는 그 원어를 괄호 안에 병기하는 방식으로 작성한다. 그러나 이미 대중이 널리 쓰고 있고 해당 어휘의 뜻이 분명하게 파악되는 경우에는 지나치게 엄격한 수준으로 순화하지 않는다.

○ 외국어 투가 없는지 살펴보기

보도 자료에서 영어 투나 일본어 투 등의 외국어 투가 사용되기도 하는데, 이는 지양하는 것이 좋다.

> A 구청장은 B 고교를 찾아 학생들과 만남의 기회를 가졌다.
> → A 구청장은 B 고교를 찾아 학생들과 만남의 시간을 보냈다.

어떤 행위를 하는 뜻으로 '가지다'를 쓰는 것은 영어식 표현이므로 우리말다운 표현으로 문맥에 맞게 수정한다.

> 사건을 대응하는 과정에 있어서 가장 중요한 것은 피해자가 일상을
> 회복하는 것입니다.
> → 사건을 대응하는 과정에서 가장 중요한 것은 피해자가 일상을 회
> 복하는 것입니다.

'~에 있어서'는 외국어 투이므로 되도록 '에서' 등의 조사로 대체하
는 방향으로 수정할 필요가 있다.

내용 감수

○ 저속한 표현이나 구어적인 표현은 없는지 확인하기

보도 자료는 공공언어로서의 품격을 갖추어야 한다. 상스러운 말,
욕설, 과도한 줄임말 등의 저속한 표현이 포함되지 않도록 작성하여
야 한다. 또한 구어적인 표현이 들어가 있지 않은지 점검하여 공공언
이로서 품위 있는 표현으로 작성할 필요가 있다.

> 도 넘은 공사 소음에 미칠 지경
> → 도 넘은 공사 소음에 일상생활 불가

공공언어에서 '미칠 지경'은 품격 있는 표현이 아니므로 적합하지
않다. 문맥에 맞게 적절한 표현으로 수정하도록 한다.

> 기계 비용이랑 노동력 생각하면 '적자'... 소상공인 '한숨'
> → 기계 비용과 노동력 생각하면 '적자'... 소상공인 '한숨'

보도 자료에서는 구어적인 조사 '이랑'보다는 '과' 등의 조사를 사용하여 공공언어로서의 품위를 유지하는 것이 좋다.

○ 고압적이거나 권위적인 표현을 완곡하게 표현하기

보도 자료는 표현이 반듯하고 무게가 있어야 하지만 그 표현이 고압적이거나 권위적인 표현이 되지 않도록 주의해야 한다. 고압적이거나 권위적인 표현이 보도 자료에 포함되어 있다면 작성자는 언중을 고려하여 표현을 부드럽게 조정하는 방향으로 수정할 필요가 있다.

○○부 장관은 …며 <u>노고를</u> <u>치하했다</u>.
→ ○○부 장관은 …라고 <u>말했다</u>.

윗사람이 아랫사람에게 쓰는 표현인 '치하하다'는 권위적인 표현이므로 보도 자료에서는 다른 어휘로 대체하여 부드럽게 표현하는 것이 좋다.

<u>일제 조사·단속</u> 실시
→ <u>점검</u> 실시

보도 자료에서는 '일제 조사·단속'처럼 고압적인 표현보다는 '점검' 등 부드러운 표현으로 바꾸어 표현하는 것이 좋다.

○ 차별적 표현이 없도록 세심하게 검토하기

보도 자료에서는 성적으로 편향된 표현을 사용하거나 특정 계층을 차별적으로 언급하는 일이 없도록 주의해야 한다. 차별적 표현이 있다면 해당 표현을 삭제하거나 중립적인 표현으로 수정한다.

<u>외국인 근로자 등 소외 계층</u>을 대상으로 무료 법률 상담을 진행할
예정임.

　　→ <u>외국인 근로자 등</u>을 대상으로 무료 법률 상담을 진행할 예정임.

　‘소외 계층’은 특정 계층에 대한 차별적 표현이므로 삭제할 필요가
있다.

〈보도 자료 작성 연습하기〉

○ 다음의 표현을 고쳐 써 보자.

1. 별도고찰 필요

→ _____

2. 따뜻한 온정

→ _____

3. 도시락은 결손 가정에 전달됐다.

→ _____

4. 서부권에서는 현재 운용중인 ○○ 소각장을 폐쇄하고 다른 지
역에 소각장을 신설해 □□군과 △△군에서 발생하는 생활폐
기물을 소각 처리할 수 있도록 할 방침이며, 남부권에서는 ○
○ 소각장 대보수와 현대화를 위한 타당성 조사와 기본 계획
수립 작업이 진행되고 있고, 동부권에서는 ☆☆시 소각장을
광역화해 공동 활용하는 방안을 협의하는 중이다.

→ _____

_____

_____

_____

_____

_____

5. 지역 중소기업 경영자들의 기술경영의 발전을 도모하기 위해 교육 수료자를 대상으로 경영혁신이 잘 정착된 모범기업의 견학을 통해 경영혁신의 성공사례를 벤치마킹할 수 있는 해외 연수교육도 진행할 예정이다.

→ _____

_____

_____

〈문제 해설〉

1. 별도 고찰 필요 / 별도로 고찰할 필요가 있음.
   ☞ '별도고찰'은 하나의 단어가 아니므로 '별도 고찰'과 같이 띄어 써야 한다. 나아가 '별도', '고찰', '필요'의 명사 연속체를 단순히 나열하는 것보다 풀어 쓰는 것이 훨씬 자연스럽고 이해하기 쉬우므로 '별도로 고찰할 필요가 있음' 등으로 문맥에 맞게 풀어 쓰는 것이 좋다.

2. 온정
   ☞ '온정'은 따뜻한 사랑이나 인정을 뜻하므로 '따뜻한'과 '온정'은 의미가 중복된다. 의미가 중복되지 않도록 '따뜻한'은 삭제하고 '온정' 만 작성한다.

3. 도시락은 한 부모 가족, 청소년 가장 가족 등에 전달됐다.
   ☞ '결손 가정'은 '어느 부분이 없거나 잘못되어서 불완전하다'는 뜻을 내포하여 가치 편향적이므로 어휘의 수정이 필요하다. '한 부모 가족'이나 '청소년 가장 가족' 등의 중립적인 표현으로 수정한다.

4. 서부권에서는 현재 운용 중인 ○○ 소각장을 폐쇄하고 □□군과 △△군에서 발생하는 생활폐기물을 소각 처리할 수 있도록 다른 지역에 소각장을 신설할 방침이다. 한편, 남부권에서는 ○○ 소각장 대보수와 현대화를 위한 타당성 조사와 기본 계획 수립 작업이 진행되고 있고, 동부권에서는 ☆☆시 소각장을 광역화해 공동 활용하는 방안을 협의하는 중이다.
   ☞ 한 문장의 길이가 지나치게 길고 많은 내용을 담고 있다. 문장이 너무 길면 가독성이 떨어지고 내용 전달이 어려우므로 한 문장에 핵심 내용이 적절하게 담길 수 있도록 문장을 적절히 나누는 방향으로 수정한다.

5. 지역 중소기업 경영자들의 기술경영 발전을 도모할 필요가 있다. 이를 위해 교육 수료자를 대상으로 경영혁신이 잘 정착된 모범 기업 견학을 추진함으로써 경영혁신의 성공 사례를 분석하여 따라잡을 수 있도록 해외 연수 교육도 진행할 예정이다.

☞ 문장의 길이가 지나치게 길므로 핵심 내용을 파악하여 각 핵심 내용이 하나의 문장을 이루도록 문장을 분절한다. '지역 중소기업 경영자들의 기술경영의 발전 도모'와 '경영 혁신의 성공 사례 견학'의 두 가지 내용을 담고 있으므로 두 개의 문장으로 나눈다. 또한 외국어는 가능하면 다듬은 말로 쓰거나, 우리말로 설명해 준다.

〈대중의 입장에서 알기 쉽게 쓰기 위한 보도 자료 작성 점검표〉

보도 자료를 작성할 때에는 다음의 항목들에 중점을 두어 점검한다.

형식	**1. 보도 자료의 형식이 적절한가?** **2. 정보의 양이 적절한가?** 　– 요약문에서 '누가, 언제, 무엇을, 어떻게, 왜'의 핵심 정보를 　　제시하고 있는가? 　– 불필요한 정보를 제공하고 있지는 않은가? 　– 같은 정보가 지나치게 반복되고 있지는 않은가? 　– 내용을 뒷받침할 세부 정보가 제시되어 있는가? **3. 적절한 길이의 문장으로 쓰였는가?** 　– 한 문장 안에 지나치게 많은 핵심 내용이 포함되어 있지 　　않은가? 　– 연결 어미 및 접속사가 지나치게 사용되고 있지는 않은가? 　– 명확한 내용의 전달이 어려울 정도로 문장이 너무 짧거나 　　함축적이지는 않은가?
표기 · 표현	**1. 어문 규범을 지켰는가?** **2. 어휘를 의미에 맞게 선택하였는가?** **3. 문장을 어법에 맞게 사용하였는가?** **4. 단락을 논리적으로 구성하였는가?**
내용	**1. 근거나 출처가 분명히 밝혀져 있는가?** 　– 객관적인 근거나 구체적인 정보의 출처를 밝혀야 한다. **2. 정보를 구체적으로 표현하였는가?** 　– 정보를 정확히 이해할 수 있도록 모호한 표현은 피하고 자세하 　　고 구체적인 표현을 사용해야 한다. **3. 이해하기 쉬운 용어를 사용하였는가?** 　– 어려운 어휘는 되도록 쉬운 어휘로 표현해야 한다. **4. 과장된 표현이 사용된 곳은 없는가?** 　– 정보를 지나치게 강조하거나 부각하는 수식어를 사용하지 　　않는다.

5. 선정적 표현이 사용된 곳은 없는가?
  - 자극적이거나 선정적인 용어, 공포심이나 불쾌감을 줄 수 있는 표현, 본질과 관련이 없는 흥미 위주의 표현, 자극적인 내용의 단순 반복 등은 지양한다.

6. 개인적 감정 표현이 드러난 곳은 없는가?
  - 감정 표현을 자제하고 정보를 객관적으로 전달해야 한다.

7. 공공언어로서의 품격을 갖추었는가?
  - 인격 모독 표현, 폭력적 표현, 저속한 표현 등의 품위 없는 말은 피하고 객관적이고 공정한 표현을 사용하여야 한다.

8. 차별적 표현이 사용된 곳은 없는가?
  - 보도 자료에 계층, 인종, 직업, 성별 등에 대한 차별적 표현이 없도록 해야 한다.

제3장

보고서,
이해하기 쉽게 쓰자

보고서의 특징과 종류는?

보고서란 어떤 문서일까?

'보고서'는 '어떤 것을 보고하는 글이나 문서'로서, 학교나 직장 등에서 자주 써야 하는 형식의 글이다. 국가나 공공 기관에서도 보고서를 작성한다. 공문서로서의 정부 보고서(이하 '보고서')는 '현안이나 긴급 상황, 특정 사건 현황, 전문적인 연구와 검토 결과 등을 보고하거나 건의할 때 작성하는 문서'의 하나라고 할 수 있다.

그런데 어떤 일의 내용이나 결과, 건의 사항을 '단순히', '나열'하여 글을 작성한다면 좋은 보고서라고 할 수 없다. 주제에 대하여 생각을 정리하고, 보고받는 사람과 독자가 쉽게 이해할 수 있도록 내용을 구조화하고 표현을 정리해야 좋은 보고서라고 할 수 있다. 또한 공공언어가 지켜야 할 '표기의 정확성', '표현의 정확성', '공공성', '정보성', '용이성' 등도 지켜야 한다. 어문 규범에 맞게 표기를 정확하게 해야 하고 어휘나 문장을 알맞게 선택하여 표현을 정확하게 해야 하며 공공성과 정보성, 용이성을 갖추어야 한다.

보고서는 민원 문서나 공고 문서 등 다른 행정 문서에 비해 일반인에게 공개되는 빈도가 높지 않았다. 그러나 최근에는 행사 보고서, 회의 보고서 등 다양한 보고서가 누리집에 공개되고 있다. 보고서는 기관에서 상황과 업무를 파악하고 설계를 하는 데 핵심적인 역할을 하는 기본 자료이며, 일반인들에게는 기관의 각종 활동과 상황을 보고하는 문서가 된 것이다. 따라서 완벽한 보고서를 작성하기 위해서는 핵심적 메시지를 명료하게 제시해야 하고, 육하원칙에 따라 정확하게 전체 내용을 전달해야 하며, 보고받는 사람이나 일반인 독자에게 의

문이 남지 않도록 내용을 충분히 제시해야 한다.

완벽한 보고서를 작성하기 위해서는 '기획하기 → 작성하기 → 편집하기 → 수정하기'의 순서로 작성해야 한다. 각 단계에서 다음의 사항을 확인하여 적용해 보자.

기획하기	- 현상과 문제점 진단 - 개선 방안 구체화 - 각종 자료(시각 자료 포함) 수집
⇩	
작성하기	- 문장은 간결하고 정확하게 - 핵심을 정확하게 - 내용을 이해하기 쉽게 - 하나의 텍스트로 완결되게 - 단순 사실 나열이 아니라 짜임새 있고 체계적으로 - 시각 자료 활용 적절하게 - 표준화된 양식에 따라
⇩	
편집하기	- 체계적으로 - 내용이 잘 전달되게
⇩	
수정하기	- 표기, 표현의 정확성 - 내용 이해의 용이성 - 내용 전달의 정보성 - 형식의 체계성 - 제목의 적절성

보고서의 종류

보고서의 종류는 용도, 형식, 내용, 시기, 기관 등에 따라 매우 다양하게 분류할 수 있으며 종류에 따라 기술 형식도 달라진다. 국가 기관, 일반 기업체, 단체 등에서도 일정한 형식을 마련하여 사용하고 있다. 따라서 보고서를 작성할 때는 그 기관에서 사용하는 형식을 알고 이에 맞추어 작성하는 것이 가장 기본적인 단계라고 할 수 있다.

정부나 공공 기관의 보고서는 다시 보고의 범위에 따라 '내부 보고서'와 '외부 보고서'로 분류하기도 하고, 내용에 따라서 '정책 보고서', '상황 보고서' 등으로 나누기도 한다. 보고서의 종류를 알아두어야 그 유형에 따라 어떻게 내용을 구성해야 할지 전략을 수립할 수 있다. 청와대 대통령비서실에서 공개한 '보고서 작성 매뉴얼(2005)'에서는 보고서를 내용, 용도에 따라 다음과 같은 유형으로 나누고 있다.

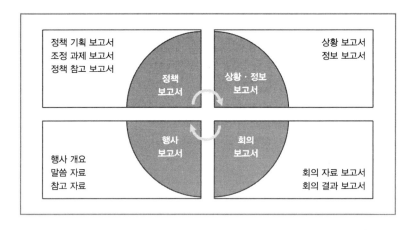

정책 보고서는 정책에 대한 계획, 진행 사항, 집행 결과를 보고하거나 재가를 받기 위한 보고서이므로, 정책의 추진 배경이나 주요 검토 사항, 추진 결과 등을 분석하여 상세하게 제시해야 한다. 정책 결정권

자가 보고서를 통해 얻고자 하는 정보가 무엇인지를 파악하여 정책 보고서에 이를 정확하게 제시하는 것이 중요하다. 또한 다양한 관점에서 문제를 분석하여 근본적인 해결 방안을 제시하고, 정책 결정권자가 구체적으로 어떤 것을 해야 할 것인지를 분명하게 제시해 주어야 한다.

상황·정보 보고서는 특정한 상황이나 사안, 추진 동향(정책 동향 포함) 등에 관한 보고서로, 정기 보고의 형태를 띠는 경우가 많다. 상황·정보 보고서는 진행 중인 사안에 대한 현황 및 시사적 정보를 적절하게 제공하는 것이 중요하다.

회의 보고서는 '회의 자료 보고서'와 '회의 결과 보고서'로 나뉜다. '회의 자료 보고서'는 회의에 안건으로 상정하는 자료와 참고 자료에 해당하고, 회의 결과 보고서는 회의에서 논의된 내용이나 결정된 사항을 회의록 형태로 정리한 것이다.

행사 보고서는 행사를 하기 전에 보고하는 행사 개요, 말씀 자료 및 참고 자료를 말한다.

보고서는 어떤 형식일까?

보고서의 서식

보고서의 서식은 각 기관마다 조금씩 다르지만 행정안전부의 '보고서 표준 서식'을 참고할 수 있다. 행정안전부에서는 정부 보고서의 품질 향상과 서식 표준화를 위해 '보고서 표준 서식'을 제작하여 배포한바 있다. 보고서 표준 서식은 행정안전부 누리집[5]을 통해 내려받을 수

---

5) 행정안전부-정책자료-간행물
   (https://www.mois.go.kr/frt/bbs/type001/commonSelectBoardArticle.do?bbsId=BBSMS

있고, 기본 공통 서식은 다음과 같다.

구분	표준 규격	비고
용지	○ 용지 규격: A4 횡 ○ 여백: 위/아래 15mm, 좌/우 20mm, 　머리말/꼬리말 10mm	
문서 제목 글상자	○ 글자/문단/줄 간격: HY헤드라인 M 22p / 　위 · 아래 0pt / 160% ○ 글상자 테두리: 0.3mm ○ 글상자 바탕색 　– 기획 · 검토 보고서: 연한 옥색 　– 상황 보고서: 연주황색 　– 행사 보고서: 흐린 파랑색	
개요 글상자	○ 글자/문단/줄 간격: 중고딕 15p / 　위 · 아래 5pt · 0pt / 160% ○ 글상자 테두리: 위쪽 0.4mm, 아래 두 줄, 　좌 · 우 없음 ○ 글상자 바탕색: 없음	본문에 문서 취지 가 포함될 경우 생략 가능
본문 큰 제목	○ 글자/문단/줄 간격: HY헤드라인M 16p / 　문단 위 25pt, 문단 아래 5pt / 160%	줄 간격은 문서의 양 에 따라 조정 가능
본문 작은 제목	○ 글자/문단/줄 간격: 휴먼명조 15p / 　문단 위 15pt, 문단 아래 3pt / 160%	
본문	○ 글자/문단/줄 간격: 휴먼명조 15p / 　문단 위 5, 문단 아래 0pt / 160%	
참고 사항	○ 글자/문단/줄 간격: 중고딕 13p / 　문 단위 3, 문단 아래 0pt / 160%	
주석	○ 글자/문단/줄 간격: 중고딕 12p / 　문단 위 0, 문단 아래 3pt / 130%	

TR_000000000012&nttId=63263)

보고서의 내용 구성

보고서는 유형에 따라 양식이 조금씩 다르지만 일반적으로 표지, 차례, 개요, 본론, 결론, 부록의 형식으로 이루어져 있다.

구성	내용
표지	● 표지 형식에 맞추어 작성 ● 기관, 제목, 제출일, 부서 등 제시 ● 보고서의 제목: - 보고 성격, 핵심 내용을 알 수 있도록 작성 - 제목은 가능한 1줄로 작성 - '보고 내용'과 '방향'이 담기게 함
차례	● 보고서 전체 구조를 보여주는 차례 작성 - 소제목의 쪽 제시 - 그림 및 표 차례 제시
개요	● 전체 내용을 개략적으로 요약하거나 보고서 작성의 배경, 목적, 경위 등 서술 - 검토 배경·필요성: 그 주제가 '왜' 필요한지 정확히 드러나게 작성
본론	● 현황 파악, 문제점, 원인 분석, 정책 대안 등 서술 ● 정책 대안은 '어떻게'가 잘 드러나도록 구체적으로 제시 ● 중요도가 높은 사항을 먼저 서술
결론	● 결론 및 대안 제시, 기대 효과, 건의 사항, 향후 조치 사항 등을 제시
부록	● 참고 자료 등을 첨부

다만, 표지와 차례를 제외한 개요, 본론, 결론 등은 보고서의 유형에 따라 세부 내용 작성에 차이가 있을 수 있다. 정책 보고서는 다음과 같이 구성할 수 있다.

1. 보고 개요
   ① 추진 배경이나 필요성
   ② 추진 목적 또는 방향
   ③ 추진 경과및 작성 과정
2. 현황 및 문제점
   ① 현황 및 실태, 문제점
   ② 원인 분석 및 대응
   ③ 국내외 사례(유사·대처) 등
3. 정책 수단·대안
   ① 정책 고객 및 소요 자원
   ② 정책 대안
   ③ 정책 수행 시 예상 효과 등
4. 추진 계획
   ① 추진 전략 및 방향
   ② 추진 계획
   ③ 추진 체계
   ④ 정책 홍보
   ⑤ 점검 평가
   ⑥ 예산
   ⑦ 추진 일정
5. 건의
6. 행정 사항 등

즉, 정책 보고서는 '보고 개요' 다음에 '현황 및 문제점', '정책 수단·대안', '추진 계획' 등으로 내용을 작성한다. '현황 및 문제점'을 제시할 때는 통계, 여론 조사, 현상 조사 등 객관적이고 구체적인 자료를 근거로 기술해야 한다. 또한 현재 상황의 원인을 여러 방면으로 분석하여 이에 대응할 필요성을 제시해야 하며 국내외 유사 사례도 분석하여 참고할 수 있도록 해야 한다. 현황 및 문제점을 파악한 후에는 구체적이고 실효성 있는 정책 수단과 대안을 제시해야 한다. 정책의 목표, 사회적 비용, 소요 예산, 실행 가능성 등을 종합적으로 고려하여 최적의 대안을 제시하고 예상되는 효과도 함께 고려하여 기술한다. '추진 계획'은 추진 전략 및 방향, 추진 계획, 추진 체계, 정책 홍보, 점검 평가, 예산, 추진 일정 등을 구체적으로 제시한다.

---

② 상황·정보 보고서

<상황 보고서>
1. 개요
2. 사실 기술
3. 부연 설명
4. 간략한 의견·대책 등

<정보 보고서>
1. 개요(목적, 방향, 대책)
2. 실태 및 상황
   - 실태, 현황 및 문제점, 예상 동향 등
3. 평가 및 의견
   - 평가, 대책 및 대응 방안, 의견 등

상황 보고서와 정보 보고서는 정확한 상황, 사실관계, 관련 정보를 신속히 제공하는 것이 목적이므로 현재 상황을 객관적으로 분석하여 신속하고 정확하게 전달하는 것이 중요하다. 예를 들어 폭염 대처 상황 보고서라면, 현재의 기상 상황, 폭염으로 인한 피해 상황, 각 부처의 대처 상황 등을 객관적으로 분석하여 전달력 있게 내용을 구성해야 한다. 정보 전달력을 높이기 위해 표나 그래프, 사진이나 그림 등을 적극

적으로 활용하는 것도 필요하다. 정보 보고서는 상황 보고서에 비해 시급한 사항이 아닌 경우가 많지만 특정 사안에 대해 분석하고 평가하여 간략한 의견을 제시할 수 있다. 이 두 유형의 보고서는 비교적 짧은 분량으로 신속, 정확, 간결하게 정보를 전달하는 것이 중요하므로 명확한 어휘, 간결한 표현을 사용해야 한다.

---

③ 의사 결정 회의 결과 보고서

☐ 회의 개요
　○ 회의 목적이나 개최 배경
　○ 일시·장소
　○ 참석자 및 주재
　○ 진행 순서
　○ 회의 주관

☐ 회의 결과
　○ 총괄(논의·발언 요지 및 결정 사항 등 총괄)
　○ 안건별(논의·발언 요지 및 결정 사항·표결 내용)

☐ 회의 결과 후속 조치 계획
　○ 결정 사항 향후 계획(일정)
　○ 제시 사항 등에 대한 검토 및 조치 계획(일정)

　회의 보고서 중 회의 자료 보고서는 정해진 시간에 회의 참석자들이 어떤 안건을 논의하여 결론을 내거나 의견을 정리하는 데 참고할 수 있도록 작성한 것이다. 따라서 참석자들이 회의 개최의 목적을 정확히 알 수 있도록 명시해야 하며, 회의 내용과 참고 자료를 분리하여 제시해 주어야 한다. 회의 목적이 '정보 공유'라면 정보 공유 목적, 정보 내용, 활용 방안, 보안 유지 등의 기타 사항 등을 전달력 있게 제시해

주어야 한다. 이와 달리 회의 목적이 '논의 후 의사 결정'이라면, 쟁점 사항과 논거, 지금까지의 논의 과정, 쟁점 사항별 문제점 등을 소개하는 내용으로 구성해야 한다.

회의 결과 보고서는 회의에서 논의한 사항이나 발언 내용을 일목요연하게 정리한 것으로, 회의 결과 요약, 회의 발언 요지, 회의 녹취록 등으로 구성된다. 「공공기관의 기록물 관리에 관한 법률 시행령」에서는 회의 결과 보고서에 회의명, 회의 개최 기관, 일시 및 장소, 참석자 및 배석자, 회의 진행 순서, 상정 안건, 발언 요지, 결정 사항 및 표결 내용 등을 담아야 한다고 규정하고 있다. 내용을 작성할 때는 회의의 모든 과정을 기록하기보다는 주요 내용을 중심으로 논리적으로 정리해야 한다. 특히 회의 결과 보고서는 시간이 흐른 후에도 기록으로 남는 것이므로 작성자의 주관적 기술이 아니라 객관적 정리가 필요하며 사실을 왜곡해서도 안 된다.

---

④ 행사 보고서

□ 행사 개요
　　○ 목적
　　○ 기본 방침
□ 추진 계획
　　○ 중앙 행사

> 일시 / 장소 / 주관 / 참석 / 식순

　　○ 관련 행사(행사별)

> 일시 / 장소 / 주관 / 참석 / 내용

○ 주요 협조 사항

```
기관별 관련 행사
현수막 설치 등
```

○ 기관별 세부 협조 사항
○ 지역별 관련 행사 등

　행사 보고서는 행사를 진행하기 위한 기본적인 계획과 이 행사를 성공적으로 실행하기 위한 제반 준비 계획을 작성한다. 행사의 규모와 내용이 다양한 만큼 행사 보고서의 형식을 정형화하는 것은 쉽지 않지만, 행사 주재자에 맞추어 작성해야 하고 행사 의도를 드러내야 하며 행사의 종류에 따라 적절하게 작성해야 한다. 행사 보고서는 행사의 목적, 기본 방침, 추진 계획(일시, 장소, 주관, 참석, 식순 등), 관련 행사, 주요 협조 사항, 기관별 세부 협조 사항, 지역별 관련 행사 등의 내용으로 구성한다. 행사 보고서를 작성하기 위해서 다음과 같이 육하원칙에 맞추어 질문하며 내용을 작성할 수 있다.

구분	질문
제목	행사의 명칭은?
왜	행사의 성격은? 행사의 목적과 방향은? 행사의 필요성은?
언제	행사의 시기는? 행사의 진행 순서는?

어디서	행사의 장소는? 행사의 주최나 주관은? 행사의 협조 부서나 지원 부서는?
누가	행사의 주재자는? 행사에서 사회자, 연설자는? 행사의 참석자(초청자)는?
무엇을	행사의 연설문은? 행사의 참고 자료는?
어떻게	행사의 추진 일정은? 행사의 예산 계획은? 행사의 업무는? 행사의 홍보 자료나 초청장 시나리오 구성은? 행사의 주재자, 격려나 감사 등의 대상자는? 초청자 대상은? 행사장 설치와 장식은? 식사나 교통 안내는?

이해하기 쉬운 보고서, 무엇을 점검할까?

보고서는 읽는 사람의 입장을 고려하여 정확하고 구체적인 내용을 간결한 형식의 문장으로 전달해야 한다. 보고서는 목적에 따라 기획한 후 작성하고 편집하여 수정해야 한다. 작성 단계에서 '문장을 간결하고 정확하게', '핵심을 정확하게', '내용을 이해하기 쉽게', '하나의 텍스트로 완결되게', '단순 사실 나열이 아니라 짜임새 있고 체계적으로' 내용을 구성하여 쓴다. 또한 '시각 자료를 적절하게 활용'하고 '표준화된 형식'도 따라야 한다. 오탈자가 수정되지 않고 그대로 나오거나 어법에 어긋난 문장을 사용한다면 전달력이 떨어질 뿐만 아니라 신뢰성도 낮아지게 된다. 행정 문서로서의 보고서는 공공언어가 갖추어야 할 '표기와 표현의 정확성'을 지켜야 하고 '형식과 내용의 용이성'을 지켜야 하며 '권위적, 차별적 표현'도 삼가야 한다. 따라서 보고서를 작성한 후 검토하는 단계에서 이와 같은 사항에 어긋남이 없는지 확인해야 한다.

어문 규범을 정확하게 썼나?

언어생활에서 따르고 지켜야 할 공식적인 기준으로, 한글 맞춤법, 표준어 규정, 외래어 표기법, 국어의 로마자 표기법을 아우르는 것을 '어문 규범'이라고 한다. 보고서에서는 어문 규범 중 특히, 한글 맞춤법과 관련해 띄어쓰기의 오류가 자주 나타나므로 유의해야 한다. 또한 외국어를 사용할 때는 외래어 표기법에 맞추어 한글 표기를 보여주고 괄호 안에 원어를 제시한다.

① 두음 법칙 표기 오류

예시		수정
<u>활용율</u> 감소의 원인을 분석하면 다음과 같다.	⇨	<u>활용률</u> 감소의 원인을 분석하면 다음과 같다.

보고서에서 '두음 법칙' 오류는 자주 나타난다. 비율을 나타내는 '율(率)'은 모음이나 'ㄴ' 받침 뒤에서는 '이자율(利子率)[이 : 자율], 회전율(回轉率)[회전뉼/훼전뉼]'처럼 '율'로 적고 그 외의 받침 뒤에서는 '능률(能率)[능뉼], 합격률(合格率)[합꼉뉼]'처럼 '률'로 적는다. 외래어에

서도 동일하게 모음이나 'ㄴ' 받침 뒤에서는 '율'로 적고 그 외의 받침 뒤에서는 '률'로 적는다(예: 서비스율, 숫률). 이에 따르면, '활용'의 마지막 받침에 따라 '활용률'로 적어야 한다. '年'에 관한 두음 법칙 적용 문제도 보고서에 자주 사용되므로 정확히 알아두어야 한다. 한글 맞춤법 제10항(한자음 '녀, 뇨, 뉴, 니'가 단어 첫머리에 올 적에는, 두음 법칙에 따라 '여, 요, 유, 이'로 적는다)에 따라 '年'이 단어의 첫머리에 나타나는 위 예문에서는 두음 법칙에 따라 '연수'로 적어야 한다. 다만, '年', '年度'처럼 의존 명사로 쓰이기도 하고 명사로 쓰이기도 하는 한자어는 두음 법칙을 적용할 때 차이가 있으므로 유의해야 한다. '年', '年度'가 의존 명사로 쓰일 때는 '년, 년도'로 써야 하고(예: 2000년대), '年', '年度'가 명사라면 '연, 연도'로 써야 한다(예: 회계 연도).

② 명사형 어미의 표기 오류

예시		수정
작년도 홍보의 결과 많은 시민이 해당 정책을 <u>암</u>.	➡	작년도 홍보의 결과 많은 시민이 해당 정책을 <u>앎</u>.

개조식 보고서를 작성할 때에는 서술형 문장을 쓰지 않고 명사형으로 마무리하는 경우가 많다. 그런데 명사형을 표기할 때, '알다', '살다' 등 어간이 'ㄹ'받침으로 끝나는 단어를 잘못 쓰는 일이 많다. 'ㄹ' 받침으로 끝나는 어간의 종성은 'ㅁ'이 아닌, 'ㄻ' 형태로 표기한다는 점에 주의하여야 한다.

③ 두 개의 단어를 한 단어로 오해하여 붙여 쓴 오류

예시	수정
노후 장비 교체요함.	노후 장비 교체 요함.

'요하다'는 '필요로 하다'라는 의미의 서술어이고 '교체'는 '요하다'의 대상, 즉 목적어이다. 이 두 단어를 예시처럼 붙여 쓰면 안 된다. 목적어와 서술어, 부사어와 서술어를 붙여 쓴 경우에는 반드시 띄어쓰기를 해 주어야 한다.

④ 하나의 단어를 두 개의 단어로 오해하여 띄어 쓴 오류

예시	수정
• 정기승차권 발매 매수를 부득이 하게 50% 수준으로 제한 • 중요시 되는 사안임 • 그 중 유전자 치료제 취급에 대한 지침임.	• 정기승차권 발매 매수를 부득이하게 50% 수준으로 제한 • 중요시되는 사안임 • 그중 유전자 치료제 취급에 대한 지침임.

위의 문장에서도 띄어쓰기 오류가 발생하였다. '부득이하다'는 하나의 단어이므로 붙여 써야 한다. 접미사 '-하다'나 '-되다'가 붙어 동사가 된 단어에서 접미사를 띄어 쓰는 경우가 있는데 접미사는 앞말에 붙여 써야 한다. 두 번째 예시문의 '-되다'도 마찬가지이다. 세 번째 예는, '그중'이 한 단어인데 '이/그/저'에 '중'이 연이어 오는 구의 형식이라고 잘못 판단한 것이다. 이러한 예들은 반드시 사전에서 한 단어인지 확인하여 띄어쓰기를 결정해야 한다.

⑤ 조사, 어미, 의존 명사를 구분하지 못한 띄어쓰기 오류

예시		수정
• 지나친 **두려움 보다는**	⟳	• 지나친 **두려움보다는**
• 감염병 신속대응 **정책 뿐만** 아니라		• 감염병 신속대응 **정책뿐만** 아니라
• 정보를 **공개·활용하는데** 동의를 받고 있다.		• 정보를 **공개·활용하는 데** 동의를 받고 있다.

조사는 앞말에 붙여 쓴다. '보다'는 동사, 부사일 경우도 있지만 위 예시처럼 비교를 나타낼 때는 조사이다. '뿐'도 의존 명사로 쓰일 때도 있지만 체언이나 부사어 뒤에서 '그것만이고 더는 없음' 또는 '오직 그렇게 하거나 그러하다는 것'을 나타낼 때는 조사이다. 따라서 사전을 꼼꼼하게 확인하여 동일한 형태라고 하더라도 조사로 사용될 경우에는 앞말에 붙여 써야 한다. 세 번째 예시의 '데'는 연결 어미 '-는데'와 구별하지 못하는 경우가 많다. '데'가 '곳'이나 '장소', '일'이나 '것', '경우'의 뜻을 나타낼 때에는 의존 명사이므로 앞말과 띄어 쓴다. 이때의 '데' 뒤에 조사 '에'를 결합하면 자연스럽다.

⑥ 문장 부호

예시		수정
• 2022. 9. <u>6(</u>화)~9. <u>7(</u>수)	⟳	• 2022. 9. <u>6.(</u>화)~9. <u>7.(</u>수)
• 행사 기간 동안 **"고객의 소리(VOC)"** 창구를 운영함.		• 행사 기간 동안 **'고객의 소리[VOC]'** 창구를 운영함.
• 참여기관 <u>:</u> ○○ 주식회사		• 참여기관<u>:</u> ○○ 주식회사

첫 번째 예시는 날짜를 나타내는 숫자 다음의 마침표가 생략되었다. 연도, 월, 일을 나타내는 숫자 다음에는 모두 마침표를 찍어야 하고 마침표와 연도, 월, 일 사이에는 띄어쓰기도 해야 한다. 두 번째 예시는 큰따옴표를 잘못 쓴 것이다. 큰따옴표는 직접 인용된 문장일 때 사용하고, 문장 내용 중에서 주의가 미쳐야 할 곳이나 중요한 부분을 특별히 드러내 보일 때에는 작은따옴표를 써야 한다. 이 예시에서는 괄호의 사용에도 오류가 있다. 고유어나 한자어에 대응하는 외래어나 외국어 표기를 나타낼 때에는 '낱말[word]', '문장[sentence]', '국제연합[United Nations]' 등과 같이 대괄호를 써야 한다. 세 번째 예시는 쌍점의 띄어쓰기 오류를 보여 준다. 쌍점은 앞말에 붙여 쓰고 뒷말과 띄어 쓴다. 쌍점의 양쪽을 띄어 쓰는 오류가 많으므로 주의하여야 한다.

⑦ 외래어 표기의 오류

예시		수정
싸인펜	⇨	사인펜
패널티 부여		페널티 부여
포토샵		포토숍

위의 예는 외래어를 잘못 표기한 것이다. 외래어를 한글로 표기하는 방법에 따르면 'sign pen'의 올바른 외래어 표기는 '사인펜'이고 'penalty'의 올바른 외래어 표기는 '페널티'이다. 이외에도 '리더십(leadership)', '모짜르트(Mozart)', '워크숍(workshop)', '화이팅(fighting)' 등 다양한 외래어 표기 오류를 볼 수 있다. 국립국어원 누리집의 외래어 표기법 용

례 찾기에서 올바른 표기를 알아볼 수 있으므로 확인하는 것이 좋다.

⑧ 로마자 표기의 오류

예시		수정
왕십리(Wangsipri)	⊃	왕십리(Wangsimni)
경기전(Kyonggijon)		경기전(Gyeonggijeon)

　로마자 표기법은 우리말을 로마자로 표기하는 방법을 나타낸 것이다. 현행 표기법은 2014년 12월에 문화 체육 관광부에서 고시한 것인데, 여전히 그 이전의 방법을 따르는 경우가 있다. '왕십리'는 음운 변화가 일어날 때에는 변화의 결과에 따라 적어야 한다는 원칙에 따라 [왕심니]라는 소리에 맞추어 적어야 한다. 또한 자음과 모음의 적는 원칙에 따라 '경기전'도 'Gyeonggijeon'으로 적어야 한다. 로마자 표기법도 국립국어원 누리집의 한국어 로마자 표기법 용례 찾기에서 올바른 표기를 확인하여 사용해야 한다.

의미에 맞는 단어를 정확하게 사용했나?

　보고서에서 의미에 맞지 않는 단어를 사용할 경우, 전달력이 떨어질 뿐만 아니라 전달 의미에 오해를 불러일으킬 수 있다. 한자어, 전문 용어를 사용할 때에는 사전에서 그 의미를 확인하여 정확하게 써야 한다.

① 한자어 오용의 예

예시		수정
제출<u>유무 여부</u> 란에	➲	제출 <u>유무란에</u>
이 증명서는 재산 소유 <u>유무</u>의 확인용으로 사용할 수 없습니다.		이 증명서는 재산 소유 <u>여부</u>의 확인용으로 사용할 수 없습니다.
모든 <u>거래는</u> 모임 내부자 및 내부 사업자에게 지출 불가능함.		모든 <u>비용은</u> 모임 내부자 및 내부 사업자를 위해 지출할 수 없음.

'유무'와 '여부'는 의미가 유사하여 혼동하기 쉽다. '여부'는 '~인지 아닌지', '유무'는 '있는지 없는지'라는 뜻이므로, 단어를 풀어 썼을 때 무엇이 더 자연스러운지를 판단하면 도움이 된다. 제출함이 있는지 없는지를 말한다면 '제출 유무'라고 하여야 맞고, '재산을 소유하였는지 아닌지'를 묻는다면 '재산 소유 여부'라고 하여야 맞다. 또한, 의미가 모호하고 서술어와 호응하지 않는 '거래' 대신 '비용'을 써야 의미를 더 정확하게 전달할 수 있다. 이외에도 일반인들에게 생소한 한자어를 남용하는 것도 좋지 않다.

② 한자어, 외래어 남용의 예

예시		수정
현장 모니터링	➲	<u>현장 정보 수집</u>
실무자 포럼		실무자 회의
비대면 티케팅 확대		비대면 예매 시스템 확대
이용객 <u>편의 제고</u>를 위해 열차 운행을 다음과 같이 조정합니다.		이용객의 <u>편의를 높이기 위해</u> 열차 운행을 다음과 같이 조정합니다.
반복적인 수익을 예측할 수 있는 <u>BM</u>을 보유하고 있는가?		반복적인 수익을 예측할 수 있는 <u>사업 모델[BM]</u>을 보유하고 있는가?

외래어를 남용하는 것도 보고서의 전달력을 떨어뜨릴 수 있다. 특히 누리집을 통해 일반인에게도 공개되는 보고서에서 외래어를 남용했을 때 외래어에 익숙하지 않은 독자들에게 내용 전달이 어려울 수 있으므로 유의해야 한다.

③ 단어 선택의 오류 예

예시		수정
무늬가 **꼼꼼하게** 배치되어 있다.		무늬가 **촘촘하게** 배치되어 있다.
이 탁자의 **바깥면은** 유리로 덮여 있다.	⟳	이 탁자의 **겉면은** 유리로 덮여 있다.
10월 15일 **전까지** 신청하세요.		10월 **14일 23시 59분까지** 신청하세요.
신청자가 **상당한** 보상을 지급받을 수 있음		신청자가 **적절한** 보상을 지급받을 수 있음

의미가 비슷한 단어들을 혼동하여 사용하는 경우가 있다. '꼼꼼하다'는 행동이 빈틈이 없이 차분하고 조심스럽다는 의미이므로 '무늬'와 어울리면 어색하다. '바깥'과 '겉'은 언뜻 보기에는 비슷한 의미이지만 '표면'이라는 의미로 쓸 때에는 '겉면'이라고 해야 정확하다. '이상', '이하', '초과', '미만', '이전', '이후', '전', '후', '등', '외' 등 숫자와 관련된 표현들은 그 뜻을 정확히 알고 사용해야 한다. '전'과 '후'는 표시된 일시를 포함하지 않는다. 위의 수정 전 예에서 해당 날짜를 오해할 여지가 있으므로 구체적으로 제시해 주어야 한다. '상당한'은 '꽤 많은'의 뜻으로 해석될 수 있으므로 '적절한' 등으로 고쳐야 명확하다.

어법에 맞는 정확한 문장을 사용했나?

보고서의 문장은 우리말의 어법에 맞아야 한다. 주어와 서술어, 목적어와 서술어, 수식어와 피수식어의 짝이 맞지 않을 경우 어법에 어긋나며, 이렇게 작성된 문장은 의미 전달력이 떨어진다. 어법에 맞는 문장이란 각 문장 성분 간의 호응이 적절하고 어순이 잘 지켜졌으며 시제, 사동, 피동 등의 사용에 오류가 없는 문장이다. 또한 조사나 어미를 의미와 맥락에 맞게 정확하게 사용해야 하고 불필요한 문장 성분을 추가하거나 필요한 문장 성분을 임의로 삭제해서는 안 된다.

① 호응이 잘못된 예

수정 전	수정 후
신규 복합문화공간 15개소가 건설	신규 복합문화공간 15개소를 건설
기상청은 이른 한파가 한반도에 영향을 미치리라는 전망임	기상청은 이른 한파가 한반도에 영향을 미치리라고 전망함
유효기간은 표기한 수치를 따른다.	유효기간은 표기된 수치를 따른다.
사업장이 다수인 개인사업자는 주된 사업장 소재지를, 사업을 하지 않는 개인은 공란으로 두시면 됩니다.	사업장이 다수인 개인사업자는 주된 사업장 소재지를 적고, 사업을 하지 않는 개인은 공란으로 두시면 됩니다.
2월 민원 처리 기간 준수율은 99.5%로 상당히 높은 수준을 유지 중임	2월 민원 처리 기간 준수율은 99.5%로 상당히 높은 수준을 유지하고 있음
이 처분에 위반한 자는 과태료 부과 외에도 위반으로 발생한 모든 확진 관련 검사·조사·치료 등 방역 비용이 구상 청구될 수 있습니다.	이 처분을 위반한 사람은 과태료 부과 외에도 위반으로 발생한 모든 확진 관련 검사·조사·치료 등에 대한 방역 비용이 구상 청구될 수 있습니다.

첫 번째 예에서는 '복합문화공간'이 '건설(함)'의 목적어이므로 '15 개소가'가 아닌, '15개소를'으로 써야 한다. 이 오류는 문장을 축약해 명사형으로 끝맺는 과정에서 과도하게 성분을 삭제했기 때문에 발생한 오류이다. 이와 같이 보고서에서는 문장을 간략화하는 과정에서 필요한 문장 성분이 삭제되어 문장 성분 간에 호응이 맞지 않게 되는 경우가 종종 발생한다. 두 번째 예에서는 '기상청은'이 주어이므로 서술어로는 '전망이다'가 아닌 '전망하다'가 쓰여야 자연스럽게 호응을 이룬다. 세 번째 예에서는 '유효기간은'이 주어이므로 '표기되다'라는 피동형을 사용하여야 한다.

네 번째 예는 '주된 사업장 소재지를'에 대응하는 서술어가 없는 문장이다. 긴 문장을 작성하다 보면 목적어에 대응하는 서술어를 누락하는 경우가 많은데, 문장 성분이 모두 적절한 호응을 이루었는지를 점검하여야 한다.

다섯 번째 예시 문장은 목적어로 쓰인 '수준을'에 호응하는 서술어가 필요하다. '유지'라는 명사를 '유지하다'라는 동사로 수정하여 목적어에 호응하는 서술어를 만들어 주어야 한다.

여섯 번째 예시 문장에서 '검사', '조사', '치료'와 '방역비용'은 '등'에 의해 동일한 것으로 제시되고 있다. 그러나 '방역비용'은 검사, 조사, 치료에 의해 발생하는 것이므로 '등에 대한'으로 표현을 수정하여야 정확한 의미를 전달할 수 있다.

또한 보고서의 개요 등에서는 아래와 같은 형식이 자주 등장하는데, 이처럼 두 행으로 문장을 나누어 서술했을 때에도 문장 성분 사이의 호응은 맞추어야 한다.

예시	○ 주요 성과로는 - 노인 일자리 사업 개발비 지원 및 ○○형 어르신 새 일자리 공모 사업 등 시장형 생산품의 질적 제고와 다양화를 위한 시의 노인 일자리 정책 추진으로 구매자 모니터링 결과 만족도가 매우 높았음.
	⬇
수정	○ 주요 성과로는 - 노인 일자리 사업 개발비 지원 및 ○○형 어르신 새 일자리 공모 사업 등으로 생산품의 질적 제고와 다양화를 추진한 결과 구매자의 만족도가 매우 높아졌다는 것임.

위의 예시는 하나의 문장을 '○'과 '-'으로 나누어 제시하고 있지만, '주요 성과로는'과 '-' 뒤의 문장이 한 문장이므로 어법에 맞게 연결되어야 한다. 그런데 '주요 성과로는 … 매우 높았음'은 호응하지 않는다. 구매자의 만족도가 높아진 것이 주요 성과라면 '주요 성과로는 … 높아졌다는 것임'과 같이 수정해야 한다. 다만, '노인 일자리 추진'이 주요 성과라면 '주요 성과로는 … 위한 시의 노인 일자리 정책 추진을 들 수 있음' 정도로 수정할 수 있다.

② 접속이 잘못된 예

수정 전	수정 후
자치구가 <u>다양한 체육시설 보유 또는 임대</u> 계획	자치구가 <u>다양한 체육시설을 보유하거나 임대할</u> 계획
위기 청소년, 노숙자, <u>수형자로 출소 후 6개월 미만</u>	위기 청소년, 노숙자, <u>출소 후 6개월 미만인 수형자</u>

실내외의 온도 차이가 크게 나는 경우에는 신체가 안정되도록 30분 정도 경과한 후 측정합니다.	실내외의 온도 차이가 크게 나는 경우에는 30분 정도 지나 신체가 안정된 후 측정합니다.
○○ 민원 · 정책 질의응답(Q&A) 실적이 부진하며, 이에 대한 부서별 협조가 필요함.	○○ 민원 · 정책 질의응답(Q&A) 실적이 부진하므로, 이에 대한 부서별 협조가 필요함.

보고서에서 여러 개의 사항을 접속하는 경우가 많은데, 접속을 할 때에는 접속되는 각 성분의 성격이 동일해야 한다는 것을 염두에 두어야 한다. 연결 어미로 두 개의 문장을 접속한 경우에도 선후관계, 인과관계 등을 고려해야 한다. 세 번째 문장에서 '신체가 안정되도록'과 '30분 정도 경과한 후'는 어미 '-도록'으로 연결되어 있다. 연결 어미 '-도록'은 '앞의 내용이 뒤에서 가리키는 사태의 목적이나 결과, 방식, 정도 따위가 됨'을 나타내므로 의미상 적절하지 않다. 따라서 어순을 조정하면서 표현을 수정해 주어야 한다. 네 번째 예시문은 '… 실적이 부진하다'와 '… 필요하다'라는 두 개의 문장이 '-며'로 연결되어 있다. 그러나 이 두 개의 문장에서 '부서별 협조가 필요'한 원인은 '실적 부진'이다. 따라서 '-며'보다는 원인과 결과를 나타나는 '-므로'로 연결하는 것이 논리적이다.

③ 조사를 잘못 쓴 예

수정 전	수정 후
사무소가 운영 시간은 변동 가능함	사무소의 운영 시간은 변동 가능함
동의서에 서명한 자로써	동의서에 서명한 자로서

환기가 잘 안 되는 공간에서 2미터 이내에 다른 사람과 접촉하는 경우	환기가 잘 안 되는 공간에서 2미터 이내의 다른 사람과 접촉하는 경우
길찾기 **메뉴에** 기차 조회·예매 버튼 클릭 시, 예매 화면으로 이동	길찾기 **메뉴의** 기차 조회·예매 버튼 클릭 시, 예매 화면으로 이동

'이내'에 결합한 조사 '에'는 체언 뒤에 붙어 앞말이 처소의 부사어임을 나타내는 격 조사이므로 '이내에'는 문장에서 부사어가 된다. 그런데 위 문장에서 '이내에'는 뒤에 오는 '다른 사람'을 수식하는 말이다. 따라서 관형어 구실을 하게 하는 조사 '의'를 결합해야 한다. 만약 '이내에'처럼 부사어를 그대로 사용하고자 한다면 호응하는 서술어 '있는'을 추가해 주어야 한다.

'메뉴'에 결합한 조사 '에'는 체언 뒤에 붙어 앞말이 처소의 부사어임을 나타내는 격 조사이다. 그러나 '기차 조회·예매 버튼'은 '메뉴'에 포함되어 있는 것으로, '예매 버튼'의 '처소'라고 보기 어렵다. 따라서 속격 조사인 '의'를 사용하여 수정할 수 있다. 또는 앞말이 행동이 이루어지고 있는 처소의 부사어임을 나타내는 격 조사 '에서'를 쓸 수도 있다. 이 경우에는 '클릭하다'라는 행동이 이루어지고 있는 처소가 '메뉴'라는 뜻이 된다.

④ 지나치게 생략한 예

수정 전	수정 후
정보 공유, 분석, 저장을 용이하__기 위한__ 인프라 구축	정보 공유, 분석, 저장을 용이하__게 하기__ 위한 인프라 구축
지원금을 초과할 경우 **기업에서** __부담을__ 원칙으로 함	지원금을 초과할 경우 **기업에서** __부담하는 것__을 원칙으로 함

3. 연구의 주요 내용 　○ 공공기관 이전의 지역발전효 　과에 대한 <u>선행연구</u>	3. 연구의 주요 내용 　○ 공공기관 이전의 지역발전효 　과에 대한 <u>선행연구 조사 및</u> 　<u>검토</u>

　명사를 여러 번 나열하거나, '-하다'를 생략하여 목적어와의 호응이 이루어지지 않게 하면 부자연스러운 문장이 된다. 또한 세 번째 예시에서와 같이 '선행연구'로만 끝맺게 되면 선행연구를 어떻게 하겠다는 정보를 얻을 수 없으므로 '조사, 검토'라는 문장 성분을 추가해 주어야 한다.

　⑤ 피동, 사동 표현을 남용한 예

수정 전	수정 후
면역력을 <u>강화시키기</u> 위해	면역력 <u>강화를</u> 위해
호우경보 발령 시 출입을 <u>제한시</u> <u>키고</u> 있음	호우경보 발령 시 출입을 제<u>한하</u> <u>고</u> 있음
약 1억 8천만 원을 <u>투자됨</u>	약 1억 8천만 원을 <u>투자함</u>
환경관리과에서 <u>보고된</u> 내용에 따르면	환경관리과에서 <u>보고한</u> 내용에 따르면

　불필요한 피동, 사동 표현을 남용하면 보고서의 내용이 불명확해진다. 최대한 능동, 주동 표현의 사용을 지향하여야 한다.

적절한 길이로 정보를 이해하기 쉽게 전달했나?

　보고서 작성 시 문장과 문단은 적절한 길이로 작성해야 한다. 한 문장에 2개 이상의 정보를 담고 있으면 의미 파악이 어려워진다. 또한 한 문단은 5~8개 정도의 문장으로 작성하는 것이 적당하다. 지나치게 길게 썼을 경우 문단의 통일성이 지켜지지 않을 수 있다.

예시	2. 감사 중점 및 대상 　이번 감사는 □□센터를 대상으로 20xx. xx. xx.부터 20xx. xx. xx.까지(xx개월) 수행한 업무 전반에 대하여 문제점 발굴, 경영 목표 달성을 위해 경영 관리 전반을 점검하여 개선 방안 제시, 업무 추진에 대한 적극 행정 활성화 방안 마련, 불합리한 업무 절차 개선 등에 중점을 두고 감사를 실시하였다.
	↻
수정	2. 감사 대상 및 중점 　이번 감사는 □□센터가 20xx. xx. xx.부터 20xx. xx. xx.까지(xx개월) 수행한 업무 전반을 대상으로 한다. □□센터의 업무상 문제점을 발굴하고 경영 관리 전반을 점검하여 개선 방안을 제시하며 업무 추진 과정에서 적극 행정을 활성화하는 방안을 마련하고 불합리한 업무 절차를 개선하는 일 등에 중점을 두고 감사를 하였다.

　위의 예시는 '감사 중점 및 대상'을 한 문장으로 제시하여 문장이 길어졌다. 긴 문장은 가독성을 떨어뜨리고 의미 해석을 어렵게 한다. 따라서 '감사 대상'을 한 문장으로 먼저 제시하고 '중점 사항'을 1~2개의 문장으로 작성하는 것이 좋다. 보고서에서는 이처럼 '○○ 및 ○○'에 대한 설명을 한 문장으로 서술하는 경우가 많은데, 문장을 나누어 정보를 제시한다면 내용 전달이 훨씬 쉬울 것이다.

예시	모집 대상 : 만19세 이상~ 만39세 이하 ○○군에 주소 또는 등록 기준지를 둔 예비 또는 창업 1년 이내 창업자
⇩	
수정	모집 대상: 아래의 기준을 모두 만족해야 함 (1) 연령 기준: 만 19세 이상 만 39세 이하여야 함 (2) 지역 기준: ○○○도 ○○군에 주소 또는 등록기준지를 두고 있어야 함 (3) 창업 기준: 예비 창업자이거나 1년 이내의 창업자여야 함

위의 예시에서 '모집 대상'의 기준은 세 가지인데 이것이 모두 한 문장에 담겨 있어 정보 전달력이 떨어진다. 따라서 항목을 나누어 아래와 같이 제시하면 좋다.

예시	□ 추진 배경 및 목적 생애 출발선에서의 균등한 교육 기회 제공 및 학부모의 교육비 부담 경감을 실현하고자 유아 교육 분야의 교육비 지원 실시 ○ 만 3~5세 누리 과정 도입으로 …보육료 지원
⇩	
수정	□ 추진 배경 및 목적 　○ 배경: 생애 출발선에서부터 교육 기회가 균등하지 못하고 학부모의 교육비 부담이 점점 커지고 있음. 　○ 목적: 만 3~5세 누리 과정 도입으로 보육료를 지원하여 균등한 교육기회 제공, 교육비 부담 경감 실현

위 예시는 '추진 배경 및 목적'을 하나의 단위(문단)로 하여 작성하고 있는데, '추진 배경'이 명시적으로 서술되고 있지 않을 뿐만 아니라

목적도 정확하게 드러나지 않는다. 따라서 '배경'과 '목적'으로 구분하여 따로 서술해 주는 것이 적절하다.

내용과 형식이 체계적인가?

보고서를 작성할 때 내용을 단순하게 나열하는 것보다는 의미에 따라 여러 개의 항목으로 나누어 정리해야 한다.

예시	III. 활성화 방안 ○ ○ ○ ○ ○

⇩

수정	III. 활성화 방안
	 1. 활성화 단계
	  ○
	  ○
	 2. 활성화 내용
	  ○
	  ○
	 3. 활성화 수단
	  ○

예시와 같이 어떤 정책을 활성화하는 방안을 제시한다면, '활성화 방안'의 하위 항목에 여러 개의 방안을 단순 나열하는 것이 아니라 시기, 내용, 수단 등의 항목으로 나누어 제시하면 전달이 확실해지고, 보충해야 할 사항도 명확해진다.

또한 도식, 그래프, 사진 자료 등을 활용하여 전달력을 높이는 것도 좋은 방법이다.

상위의 핵심 내용과 하위의 세부 사항을 단계적으로 제시했나?

보고서에는 아래와 같은 형식으로 내용을 제시하는 경우가 많다. ○ 등으로 핵심 내용을 제시하고 그 하위에 세부 내용을 서술하여 전달력을 높이는 것이다. 그러나 상위의 핵심 문장과 하위의 세부 내용 문장의 내용 제시가 단계적이지 않은 경우도 있다.

---

1. 연구의 배경 및 목적
　1) 연구의 배경
　　○ 지역의 혁신거점 형성과 국토균형발전을 위해 <u>10개 혁신도시를 건설하여 공공기관 이전을 추진 중</u>
　　　– '공공기관 지방이전계획' 수립 발표('05.6, 국무회의) 이후 혁신도시특별법 제정('07.1), 개발·실시계획 수립('07.5) 등 혁신도시 건설 사업을 추진 중
　　　– 현재, 부지조성 등은 거의 완료되고, 공공기관 이전도 본궤도에 돌입하여 혁신도시로의 이전 기관 총 115개 중 '15년 6월 말 현재 80개 기관이 이전 완료('15년 9월 말 88개 기관)

주요 핵심 내용은 10개의 혁신도시를 건설하여 공공 기관 이전을 추진 중이라는 것이다. 따라서 이 내용에 대한 세부 사항이 제시되어야 한다.

핵심이 드러나게 제목을 붙였나?

수정 전	수정 후
□ 기혼 여성 중 약 17%는 자녀가 없어도 무관하다고 생각하였음. □ 미혼 남성의 28.9%와 미혼 여성의 48%가 같은 견해를 보임. □ 유배우 여성의 이상자녀수는 평균 2.16명이나 기대자녀수는 1.92명임	<u>자녀 가치관 및 출산 실태</u> □ 기혼 여성 중 약 17%는 자녀가 없어도 무관하다고 생각하였음. □ 미혼 남성의 28.9%와 미혼 여성의 48%가 같은 견해를 보임. □ 유배우 여성의 이상자녀수는 평균 2.16명이나 기대자녀수는 1.92명임
<u>연구의 주요 결과</u>	<u>여성, 영유아, 보건복지 현황 실태 조사 결과 도농 간 격차 확인</u>

보고서는 가급적 먼저 결론을 제시하고 그다음에 이유 또는 설명을 덧붙여야 한다. 문단의 배치도 시작하는 문단에 가장 중요한 내용이 들어가도록 하고, 이어 그것을 뒷받침하는 내용을 배치한다. 또한 각 기관의 표준화된 양식에 따라 간결하고 명료하게 작성한다.

이를 위해 꼭 필요한 것이 각 장과 절 및 문단의 소제목이다. 제목은 구체적인 사실을 적시하여야 하고, 제목과 내용이 일치하도록 하여 문단의 위에 배치한다. 어휘와 문장은 필요한 정보가 잘 드러나도록 구체적으로 작성해야 한다. 애매한 표현은 지양한다.

실전! 이해하기 쉽고 완성도 높은 보고서를 작성해 보자.

다음은 보고서의 일부이다. 이해하기 쉽고 완성도 높은 보고서를 작성할 때 고려해야 할 사항을 참고하여 수정해 보자.

생활문화사업 시행(2020. 12. 31.) 관련

2020년 생활문화활성화사업 결과보고

시민의 일상적 주체적인 생활문화활동지원을 위한 지역기반조성 및 지속가능한생활문화 생태계구축 위해 추진한 2020년 생활문화활성화사업의 운영 결과를 보고하고자 함

Ⅰ 추진근거

□ 추진근거

　○ ○○특별시 <비전2030, 문화시민도시 ○○> 발표('16.6)

　○ ○○특별시 ○○시장방침 <생활문화도시 ○○ 기본계획> 발표('16.8)

Ⅱ 사업개요

□ 사 업 명 : 2020년 생활문화활성화사업

□ 사업예산 : 2,175,000천원

　○ 당초 사업예산은 2,350,000천원이나 코로나19로 인한 예술인 긴급지원 추경으로 인해 최종예산 175,000천원 감액 조정

□ 주요 사업내용

　○ ○○시-○○문화재단-자치구 협력구조에 기반한 시민의 일상적-주체적 생활문화활동 지원

　○ 지역 생활문화공간 조성 지원 등 활동기반 구축

　○ 다양한 생활문화주체 발굴 및 시민주도 온오프라인 프로그램(축제, 전시) 추진

Ⅲ 사업 운영결과

□ 2020년도 중점 추진방향
  ○ 지역기반 다양한 생활문화모델 발굴
  ○ 생활문화개념 확대 및 참여주체의 다양성 도모
  ○ 일상 속 자발적 예술참여 및 느슨한 연대지원 확대

생활문화사업 시행(2020. 12. 31.) 관련

2020년 생활문화활성화사업 결과보고

시민의 일상적·주체적인 생활문화활동지원을 위한 지역기반조성 및
지속가능한 생활문화 생태계구축 위해 추진한 2020년 생활문화활
성화사업의 운영 결과를 보고하고자 함

I 추 진 근 거

□ 추진 근거

　○ ○○특별시 <비전2030, 문화시민도시 ○○> 발표(‘16.6.)

　○ ○○특별시 ○○시장방침 <생활문화도시 ○○ 기본계획> 발표(‘16.8.)

II 사 업 개 요

□ 사업명 : 2020년 생활문화활성화사업

□ 사업 기간 : 2020. 2.~ 12.

□ 사업 예산 : 2,175,000천원

　○ 당초 사업 예산은 2,350,000천원이나 코로나19로 인한 예술인 긴급
　　지원 추경으로 인해 최종 예산 175,000천원 감액 조정

□ 주요 사업 내용

　○ ○○시-○○문화재단-자치구 협력구조에 기반한 시민의 일상적·
　　주체적 생활문화활동 지원

　○ 지역 생활문화공간 조성 지원 등 활동기반 구축

　○ 다양한 생활문화주체 발굴 및 시민주도 온오프라인 프로그램(축제,
　　전시) 추진

Ⅲ 사업 운영결과

□ 2020년도 중점 ~~추진방향~~
 _{추진 결과}

 ○ 지역 기반 다양한 생활문화모델 발굴
  (결과 보고서이므로 생활문화모델 중 한두 개의 예시를 추가해 주어야 함)

 ○ 생활문화개념 확대 및 참여주체의 다양성 도모

 ○ 일상 속 자발적 예술참여 및 느슨한 연대 지원 확대
        _{지원}

○○ 참관 및 ○○홍보 부스 운영 국외 출장 결과 보고
※ '99년 제1회 ○○으로 시작, '16년 제18회부터 ○○ 명칭변경

1. 추진배경
○ 선진 친환경제품 보급촉진 박람회 참관
 – 현장 운영에 대한 조사
○ 친환경○○ 우수 참가기업·제품의 소개 및 체험 동시 진행으로 해외(일본)관람객 대상 행사 브랜드 인지도 확보
 – 참가기업/제품 동반 참가 기회 제공으로 환경기업 수출 경쟁력 제고
○ 선진화된 박람회 운영시스템 및 참여기업 조사 등을 통한 '대한민국 친환경○○' 발전방안 모색

2. 출장개요
○ 행 사 명 : ○○ 2018 (제20회)
   → '11년 동경 대지진으로 국가적으로 환경보다 재난안전 중심사회로 변화
○ 주   제 : SDGs 시대의 환경과 사회, 그리고 미래로
○ 일시·장소 : '18.12.06(목) ~ 12.08(토), 도쿄 빅사이트(동2~6홀)
○ 개 최 규 모 : 540개사·단체, 1,200부스(42,710㎡), 참관객 162,217명
○ 전시분야 : 친환경산업 전분야(제품, 건축, 교통, 금융, 서비스, NGO 등)
○ 주   최 : 일본산업환경관리협회(JEMAI), 일본경제신문사(Nikkei)
○ 출장자 및 주요일정

출장자	일 정	주요 활동계획
○○○ ○○○ ○○○ ○○○	12.5(수) ~12.8(토) 3박 4일	– 전시부스 설치 및 운영 – 일본 에코-프로 주최 측 미팅 – 전시회 참관 및 운영시스템 벤치마킹 – 동반행사 참관 및 운영현황 조사

○○ 참관 및 ○○홍보 부스 운영 국외 출장 결과 보고

1. 추진 배경
○ 선진 친환경제품 보급촉진 박람회 참관

── 현장 운영에 대한 조사
○ 친환경○○ 우수 참가기업·제품의 소개 및 체험 동시 진행으로 해외(일본)관람객 대상 행사 브랜드 인지도 확보
 - 참가기업/제품 동반 참가 기회 제공으로 환경기업 수출 경쟁력 제고
○ 선진화된 박람회 운영시스템 및 참여기업 조사 등을 통한 '대한민국 친환경○○' 발전방안 모색

2. 출장 개요
○ 행사명 : ○○ 2018 (제20회)
 ※ 1999년 제1회 ○○로 시작, 2016년 제18회부터 ○○ 명칭변경
○ 주제 : SDGs 시대의 환경과 사회, 그리고 미래로
 ※ 2011년 도쿄 대지진으로 환경보다 재난안전 중심으로 변화
○ 일시·장소 : 2018.12.06(목) ~ 12.08(토), 도쿄 빅사이트(동2~6홀)
○ 개최 규모 : 540개사·단체, 1,200부스(42,710㎡), 참관객 162,217명
○ 전시 분야 : 친환경산업 전분야(제품, 건축, 교통, 금융, 서비스, NGO 등)
○ 주최 : 일본산업환경관리협회(JEMAI), 일본경제신문사(Nikkei)
○ 출장자 및 주요일정

출장자	일 정	주요 활동계획
○○○ ○○○ ○○○ ○○○	12. 5(수) ~12.8(토) 3박 4일	- 전시 부스 설치 및 운영 - 일본 에코-프로 주최 측 미팅 - 전시회 참관 및 운영시스템 벤치마킹 가능성 조사 - 동반 행사 참관 및 운영현황 조사

수정 전

□ 수의시담 개요

  ○ 일시/장소 : 2006. 2. 1(목) 14:00 ~ 15:00 / ○○○팀

  ○ 참석 : □□□□□□ ○○○○이사, ○○○팀 ○○○

□ 수의시담 결과

  ○ 투입인력으로 총 7인을 요구하였으나

    – 제안서 평가시 제안한 인력을 고수

    ※ 단, 사업 추진시 필요하면 추가 지원할 수 있다는 조건임

□ 미합의사항에 대한 대책(안)

  ○ 투입인력 문제

    – 제안사의 제안인력을 수용하도록 하되, 사업 추진시 추가인력 투입에 필요성이 있을 경우 발주자의 요청에 의해 상호 협의하여 추가로 인력을 투입할 수 있도록 계약서에 명기

  ○ 미합의사항에 대한 대책(안) 확정 이후 '20. 2. 2. 재협상 실시

  ○ 협상이 완료될 경우, 협상결과와 과업내용서를 작성 계약의뢰

○○ 정부 비전 개발 실무 협상 회의 결과 보고

○○ 정부 비전 개발 연구 용역 수의 계약 대상 업체인 □□□□□와 실무 수준의 가격 협의를 실시하고 그 결과를 보고함

□ ~~수의사답~~ 회의 개요 (가격 협의)
 ○ ~~일서/장소~~ : 2006. 2. 1.(목) 14:00 ~ 15:00/장소 제시 (시, 장소)
 ○ 참석자: □□□□□ ○○○○이사, ○○○팀 ○○○
 ○ 회의 목적: ○○ 정부 비전 개발 연구 용역 업체와의 가격 협의

□ ~~수의사답~~ 회의 결과 (가격 협의)
 (○ 회의 목적에 명시된 '가격 협의'의 내용이 있을 경우 추가할 것)
 ○ (용역 업체에서) 투입인력으로 총 7인을 요구하였으나,
 —— (○○은) 제안서/~~평가서 재안함 인력을~~ 고수 (제안서에서 제시한 인원을 고수)
 ※ 단, 사업 추진시 필요하면 추가 지원할 수 있다는 조건임

□ 미합의 ~~사항~~에 대한 대책(안)
 ○ 투입 ~~인력 문제~~ (은 일단 합의 후 협의함)
 – 제안사의 제안인력을 수용하도록 하되, 사업 추진시 추가 인력 투입에 ~~필요성이 있을~~ 경우 발주자의 요청에 ~~의해~~ 상호 협의하여 추 (이 필요할) (따라)
  가로 인력을 투입할 수 있도록 계약서에 ~~명가~~ (명기함)

□ 향후 추진일정
 ○ 미합의 ~~사항~~에 대한 대책(안) 확정 이후 ~~'20~~, 2. 2. 재협상 실시 (2020)
 ○ 협상이 완료될 경우, 협상결과와 과업내용서를 ~~작성 계약의뢰~~ 예정 (작성하여 계약을 의뢰할)

□ 붙임(참석자 명단, 서명)

제4부

쉬운 말로 소통하기

제1장

안내문,
쉬운 말로 쓰자

안내문의 특징

안내문의 개념과 유형

안내문이란 정부나 공공 기관에서 특정한 사안을 대중에게 널리 알리는 문서와 시청각 매체를 말한다. 공지문, 알림문이라고도 하며 정부와 공공 기관에서 생산하는 여타의 문서 유형과 달리 대중의 일상생활에 밀접하게 관계된 내용을 전달하는 경우가 많고, 대중이 직접적인 수신자가 된다는 점에서 다른 어떤 문서 유형보다 높은 소통성이 요구된다. 따라서 전달하려는 내용이 명확해야 할 뿐 아니라 전달하는 방식 또한 일반 대중의 편의를 고려해 이해하기 쉬운 언어 표현과 친숙한 형식으로 접근해야 한다.

안내문은 전달하고자 하는 사안의 종류와 그 중요도에 따라 대략 세 가지 유형으로 나뉜다. 첫 번째는 행정 안내문으로서 정부 및 공공 기관의 업무 중에서 일반 국민의 생활과 밀접한 관련이 있는 사항을 알리려는 목적으로 작성된다. 두 번째는 행사 안내문으로서 행사나 회의, 포럼 등 해당 기관의 활동에 대해 일반에 널리 알려 기관을 홍보할 뿐 아니라 일반 대중의 참여와 관심을 이끌어 내기 위해 작성된다. 세 번째는 공지형 안내문으로서 기관이 일반 대중에게 알릴 필요가 있는 여러 가지 사항에 대해 폭넓게 안내하는 유형이다. 각 안내문의 유형별 특징과 예시는 다음과 같다.

○ 행정 안내문

'행정 안내문'은 국가 및 공공 기관의 업무 중에서 일반 국민의 생활과 밀접한 관련이 있는 사항을 알리려는 목적으로 작성되는데, 새로운 사업이나 업무의 시행에 대해 알리거나, 운영 중인 사업 내용의 변경 또는 폐지에 대해 알리는 내용이 주를 이룬다. 해당 사업이나 업무에 대한 내용 중 일반 국민이 알아야 하는 정보가 모두 포함되어 있어야 하며, 본문에는 핵심적인 내용만 일목요연하게 제시하고 추가로 알려야 하는 세부 정보나 보충 정보는 붙임으로 작성하는 것이 좋다. 그리고 해당 내용에 대해 독자가 추가적인 문의를 하고자 할 경우 문의할 수 있는 담당자 연락처를 제시하여야 한다. 다음은 '행정 안내문'의 제목을 예시로 보인 것이다.

- 일반 열차 운행 조정 알림(코레일)
- 인쇄문화발전 유공자 포상 계획 안내(문체부)
- 공항철도 직통열차 운행 재개(인천국제공항공사)
- 홈택스 법인세 신고 관련 공지사항(국세청 홈택스)
- 장애인 하이패스 서비스 개선 시범운영(한국도로공사)
- T1 심야운영 출국장 임시 조정 알림(인천국제공항공사)
- 국방부 추석 연휴 국립서울현충원 운영 중지 안내(국방부)
- 문화체육관광부 협상에 의한 계약 제안서 평가 업무처리 지침 안내(문체부)
- 주민 주거용 시설 하절기 냉방시설 전기료 지원 신청 안내(인천국제공항공사)

○ 행사 안내문

'행사 안내문'은 정부나 공공 기관이 개최하는 회의, 토론회, 심포지엄, 축제 등의 행사를 널리 알려 기관을 홍보하고 행사에 대한 대중의 참여를 이끌어 내려는 목적으로 작성되는 안내문이다. 행사 안내문에는 정확한 행사명을 포함하여 행사의 성격을 알 수 있는 제목을 붙이는 것이 중요하고, 행사 개최 일시, 행사 장소, 참석자, 행사 내용, 참가 방법 등 세부적인 사항을 포함하여야 한다. 그리고 행사에 대해 독자가 추가적인 문의를 하고자 할 경우 문의할 수 있는 담당자 연락처가 제시될 필요가 있다. '행사 안내문'의 예시는 다음과 같다.

- 서울지식이음축제·포럼 개최(서울시)
- 경기도 기본소득 온에어 방송(경기도)
- 경기도 인구 정책 토론회 개최(경기도)
- 경기도 인구정책 국제심포지엄(경기도)
- 제1회 경기도민의 날 기념행사 안내(경기도)
- 새정부 문화 정책 방향 토론회 개최(문체부)
- 독서의 달 전국 주요 독서 행사 안내(문체부)
- 인천공항 하랑 축제 개최 알림(인천국제공항공사)
- 인천공항 SKY FESTIVAL 개최(인천국제공항공사)
- 서울아트스테이션 – 마이 서울 모멘트 개최(서울시)
- 국제문화교류 지원 사업 공동 설명회 개최(세종학당재단)
- '제1차 장애 예술인 문화 예술 활동 지원 기본 계획(안)' 공청회 개최(문체부)

○ 공지형 안내문

'공지형 안내문'은 정부나 공공 기관이 읽는 사람에게 도움이 되는 다양한 정보를 알리고자 하는 목적으로 작성하는 안내문으로서, 그 중요성이나 필요성 면에서 '행정 안내문'처럼 국민 생활에 매우 관련이 깊은 사안은 아니지만 국민들이 참고하면 좋을 정보들로 이루어진다. 다음은 다양한 정보를 안내하는 '공지형 안내문'의 예시이다.

- 침수 대비 국민행동요령(K Water)
- 시스템 점검 안내(세종학당재단)
- 서비스 품질 만족도 조사용역 실시(K Water)
- 문화체육관광 디지털 혁신 정책 아이디어 설문 조사 안내(문체부)
- 경기도 공공기관 고객만족도 조사(경기도)
- 사천시 상수도 수질 검사 결과 공고(K Water)
- 공공아이핀 서비스 점검 연장 안내(인천항만공사)
- 외국인 유학생 채용박람회 개최 관련 자료 게시(경기도)
- 인천공항 내 AED 위치 안내(인천국제공항공사)
- T1–T2 연결 도로 접속부 공사 계획 알림(인천국제공항공사)
- 부정 부패 및 갑질 피해 집중신고기간(한국도로공사)
- 인천국제공항 스카이돔 휴관일 안내(인천국제공항공사)
- T1 단기 주차장 지상 1층 재포장 공사 안내(인천국제공항공사)
- 코로나19 예방 및 확산 방지를 위한 대응 지침 등 안내(고용노동부)
- 공공기관 종합청렴도 평가 관련 개인정보 제3자 제공사항 알림(문체부)

안내문의 양식

행사 안내문의 예를 들어 안내문의 양식을 살펴보면 다음과 같다. 행사 안내문의 경우 행사 개최 일시, 장소, 참석자, 내용, 참가 방법 등 세부적인 사항이 포함되어야 하는데, 특히 행사에 참여하고자 하는 독자를 위해 개최 일시와 행사 장소에 대한 설명이 정확하고 자세해야 한다. 정확한 안내를 위해 행사 장소의 약도를 첨부하거나 교통편을 함께 제시하기도 한다.

국제항공협력콘퍼런스

　국내외 항공 산업의 협력 방안을 논의하는 '국제항공협력콘퍼런스'에 여러분을 초대합니다. 이번 콘퍼런스는 '더 나은 창공을 향해(Leap Forward to Better Skies)'라는 주제 하에 글로벌 민간 항공의 미래 트렌드와 잠재적인 사회 경제 과제를 탐색하고 항공 산업에 대한 강력한 협력을 강화하기 위해 가치 있는 아이디어를 교환합니다.

행사 개요

행사명: 국제항공협력콘퍼런스
일자: 20○○년 7월 5일(화) ~ 6일(수)
장소: 공항호텔(그랜드볼룸, 웨스트 타워)
형태: 하이브리드 회의(현장 참석, 온라인)
주제: 더 나은 창공을 향해(Leap Forward to Better Skies)
언어: 영어, 한국어 * 한영 동시 통역 제공
주최: ○○부

세션 소개

7월 5일 (화)	세션 1 (11:00~12:20)	항공 운송-국제 항공 운항의 재시작
	세션 2 (13:30~15:20)	항공 안전과 보안: 뉴노멀과 뉴 테크에 대응하기 위한 항공 정책
	세션 3 (15:30~17:00)	ESG 경영(환경, 사회, 행정): 탄소배출 감소 & 지속가능한 성장
7월 6일 (수)	세션 4 (9:30~11:00)	항공 운항의 최근 이슈 (UAM 개발 및 현황)

등록 안내

- **사전 등록:** 홈페이지 방문하여 신청(www.skykorea.co.kr)
- **등록비:** 무료
- **사전 등록**
  현장 참석자 6월 17일(금)까지 등록 마감
  온라인 참석자 6월 25일(토)까지 등록 마감
- **문의처**
  김OO 대리: 032-OOO-OOOO

안내문의 요건

독자에게 다양한 정보를 알리는 것을 목적으로 하는 안내문은 무엇보다도 독자가 알기 쉽게 작성되어야 하고, 일반 국민을 대상으로 하는 만큼 권위적이지 않고 친근한 표현이 사용될 필요가 있다. 이러한 요건을 몇 가지로 세분화하면 안내문은 다음과 같은 요건을 두루 갖추어 작성되어야 한다. 안내문 작성 시 이러한 요건에 맞추어 작성하고 작성 이후에도 이러한 요건에 비추어 잘 작성되었는지 검토하여야 할 것이다.

○ 간결하면서도 쉬운 **표현**을 사용하여야 한다

안내문은 독자에게 정보를 제공하는 것이 목적이므로 안내문을 읽는 독자가 정보를 정확하고 편리하게 파악할 수 있어야 한다. 안내문의 독자는 일반 대중이므로 누구나 이해하기 쉽고 간결한 언어를 활용해야 한다. 따라서 어려운 한자어나 일반인이 알기 어려운 행정 전문 용어의 사용을 피한다.

○ 알리고자 하는 내용을 정확하고 명료하게 제시해야 한다

안내문이 갖추어야 할 요건 중에 무엇보다도 중요한 것은 정보성이다. 정보 전달을 위해서는 쉬운 표현을 사용하는 것뿐 아니라 정보를 정확하게 전달하는 것과 정보 제시 방식이나 설명 방법을 명료하게 하는 것이 중요하다. 핵심 정보와 부가 정보가 알아보기 쉽게 구조화되어야 하고 독자가 원하는 정보를 쉽게 찾을 수 있어야 한다. 또한, 명사 나열식의 개조식 표현은 간결해 보이지만 의미를 파악하기 어려우므로 풀어서 명확히 서술하는 것이 좋다.

○ 유행어나 외래어의 남용은 피해야 한다

안내문은 작성 당시의 사회적인 쟁점을 다루는 경우가 있고 그 밖에도 독자의 관심을 끌거나 전달의 효과를 높이기 위해 유행어나 외래어 등을 사용하기 쉽다. 그러나 유행어나 외래어를 남용하면 이러한 어휘에 익숙하지 않은 독자는 내용을 파악하기 어렵다. 안내문을 접하는 모든 대중이 이해할 수 있는 쉬운 표현을 사용해야 한다.

○ 세부 사항이 상세하게 제시되어야 한다

안내문은 해당 사안에 대해 독자가 필요로 하는 정보를 모두 담아야 한다. 따라서 세부 사항을 상세하게 제시하되 그 내용이 본문에 담기에 너무 많거나 복잡하다면 핵심 내용과 구분하여 부록으로 따로 제시하는 것이 좋다.

○ 권위적이고 차별적인 표현을 피해야 한다

안내문은 발신자인 정부나 공공 기관이 주체가 되어 스스로의 사업 내용이나 업무에 대한 정보를 제공하기 위해 작성하는 문서이므로 자

칫 권위적인 표현이나 전달 방식을 사용할 수 있다. 안내문의 수신자는 일반 대중이므로 권위적인 표현을 사용하거나 특정 계층에 대한 편견을 담고 있는 용어나 표현을 사용하지 않도록 주의할 필요가 있다.

안내문의 오류 유형 안내

앞서 살펴본 안내문의 요건에 비추어 볼 때 안내문에 나타나는 오류 중에서 특히 중요한 유형은 정확성과 소통성과 관련된 유형이다. 가독성을 높여 의미 전달을 정확히 하기 위해서 띄어쓰기를 규정에 맞게 하고, 일반 국민이 안내문의 내용을 이해하기 쉽도록 어려운 한자어나 낯선 외래어를 사용하지 말아야 하며 본문에 한자나 외국 문자가 직접 노출되지 않도록 해야 한다. 명사 나열식의 개조식 표현을 사용하면 구조적으로는 명료해 보일 수 있지만 의미 구조를 파악하기는 어려우므로 이해하기 쉽게 문장으로 풀어 쓰는 것이 좋다. 알리고자 하는 내용이 복잡할 경우에는 문장을 나누어 명료하게 제시할 수 있어야 한다. 안내문 작성 시에는 아래의 오류 유형들에 주의하여 정확성과 소통성을 갖출 필요가 있다.

띄어쓰기가 정확하고 일관적인가?

안내문에서 가장 흔하게 나타나는 오류 유형 중 하나는 띄어쓰기 오류이다. 안내문을 작성할 때에는 가독성을 높일 수 있게 띄어쓰기에 오류가 없어야 한다. 띄어쓰기는 단어 단위로 띄어 쓰는 것이 원칙이므로 이에 따라 한 단어인 경우에는 붙여 쓰고 두 단어 이상인 경우 띄어 써야 한다. 즉, 한국어 사전에 표제어로 올라 있으면 한 단어이므로 붙

여 쓰고 사전에 표제어로 등재되어 있지 않거나 사전에서 단어 사이에
'^'이 표시되어 있으면 구 단위이므로 띄어 쓴다. '^' 표시된 구 단위 표
제어는 띄어 쓰는 것이 원칙이지만 붙여 쓰는 것도 허용한다. 이러한 경
우 원칙대로 띄어 쓸 수도 있고 허용되는 대로 붙여 쓸 수도 있지만 한
문서 내에서는 동일한 용어에 대해 띄어쓰기를 통일하는 것이 중요하다.

예시		권장 표현
<u>필요 시</u> 증명서 원본을 요청할 수 있음.	➲	<u>필요시</u> 증명서 원본을 요청할 수 있음.

위의 예시에서 '필요시'의 '시(時)'는 앞말과 붙여 쓴다. '어떤 일이
나 현상이 일어날 때나 경우'의 의미로 쓰이는 '시'는 의존 명사로서
앞 단어와 띄어 써야 한다. 그러나 '필요시' 외에도 '비상시, 유사시,
일몰시, 일출시, 평상시, 혼잡시'와 같이 사전에 한 단어로 되어 있는
일부 단어에서는 앞 단어와 붙여 쓰므로 주의할 필요가 있다. '시(時)'
는 '~할 때', '~하면'으로 바꿔 쓰면 더 이해하기 쉽다.

예시		권장 표현
국외소재문화재단은 세계 속 <u>우리문화재</u>를 올바르게 찾고, 알리고, 지키기 위해 국외 소재 한국 문화재에 대한 다양한 홍보 활동을 펼칠 청년 서포터즈를 모집합니다.	➲	국외소재문화재단은 세계 속 <u>우리 문화재</u>를 올바르게 찾고, 알리고, 지키기 위해 국외 소재 한국 문화재에 대한 다양한 홍보 활동을 펼칠 청년 서포터즈를 모집합니다.

한 단어가 아니면 앞의 말과 띄어 쓰는 것이 원칙인데 위의 예시에

서 '우리문화재'는 한 단어가 아니므로 '우리 문화재'와 같이 띄어 써야 한다.

예시		권장 표현
철도 운영 회사의 변경으로 10월부터 **구간 별** 요금 체계가 변경될 예정입니다.	⇨	철도 운영 회사의 변경으로 10월부터 **구간별** 요금 체계가 변경될 예정입니다.

위의 예시에서 '-별(別)'은 '그것에 따른'이란 뜻을 가지는 접미사이므로 앞말에 붙여 써야 한다. 따라서 '구간 별'이 아니라 '구간별'로 쓴다.

예시		권장 표현
학적 상실자 중 재학 **연한내** 졸업이 가능한 자	⇨	학적 상실자 중 재학 **연한 내** 졸업이 가능한 자

위의 예시에 쓰인 '연한내'의 '내(內)'는 '일정한 범위'를 나타내는 의존 명사로 앞의 명사와 띄어 쓴다. 따라서 '연한 내'로 써야 한다.

어려운 한자어나 한자를 사용하지 않았는가?

안내문은 전달하고자 하는 정보를 간결하게 나타내기 위해 정보를 압축적으로 제시하는 명사 나열식 표현을 사용하기 쉽다. 이 과정에서 의미 글자인 한자로 이루어져 의미를 압축적으로 표현할 수 있는 한자어를 사용하게 되는데, 어려운 한자어는 일반 대중이 쉽게 이해할 수 없으므로 쉬운 우리말을 사용하는 것이 좋다. 즉 간결하게 표현하기 위해 한자어나 한자를 많이 사용하면 의미 전달에 실패할 수 있으므로 쉬운 우리말로 적절히 풀어 써 주어야 한다.

예시		권장 표현
10. 25.(화) 18시까지 <u>도착분</u>에 한하여 인정함	➲	10. 25.(화) 18시까지 <u>도착한 서류</u>에 한하여 인정함

위의 예시에서 '분(分)'은 일부 명사에 붙어 '분량'의 뜻을 더하는 접미사로 '감소분', '초과분'과 같이 사용되는데 '도착분'은 일상생활에서 자주 사용하는 단어가 아니므로 의미를 파악하기 어렵다. 따라서 맥락에 따라 '도착분'이 의미하는 바를 상세하게 밝혀 '도착한 서류', '도착한 신청서' 등으로 알기 쉽게 쓰는 것이 좋다.

예시		권장 표현
당첨자 안내를 위하여 신청서에 <u>연락처 기재 요망</u>	➲	당첨자 안내를 위하여 신청서에 <u>연락처를 기재하기 바람</u>

위의 예시에 쓰인 '요망(要望)'은 어떤 희망이나 기대가 이루어지기를 바란다는 뜻인데, 이보다는 '연락처를 기재하기 바람' 또는 '연락처 기재 바람'과 같이 '바람'으로 풀어 쓰는 것이 이해하기 쉽다.

예시		권장 표현
접수기한 내 <u>구비</u> 서류 미제출자와 면접시험 <u>결시자</u>는 선발에서 제외되니 유념하기 바랍니다.	➲	접수 기한 내 <u>필요</u> 서류 미제출자와 면접시험 <u>미응시자</u>는 선발에서 제외되니 유념하기 바랍니다.

'구비'는 '있어야 할 것을 빠짐없이 다 갖춤'을 뜻하는 말로 '구비 서류'나 '구비 조건'과 같이 쓰인다. '구비 서류'는 일상생활에서 잘 사용하지 않는 용어이므로 이를 '필요 서류'로 수정하는 것이 좋다. '결시자'는 '시험 시간에 빠져 시험을 치지 못한 사람'이란 뜻이므로 좀 더 이해하기 쉬운 '미응시자'로 쓰는 것이 독자의 이해를 도울 수 있다.

예시		권장 표현
본인은 국방대학교 2023학년도 석사학위과정에 <u>소정의</u> 서류를 갖추어 지원합니다.	⬭	본인은 국방대학교 2023학년도 석사학위과정에 <u>정해진</u> 서류를 갖추어 지원합니다.

'소정(所定)'은 안내문에서 자주 사용되는 한자어로 '정해진 바'를 의미한다. 정확한 의미를 파악하기 어려우므로 '정해진'과 같이 풀어 쓰는 것이 좋다. 위의 예시에서는 '소정의 서류'를 '정해진 서류'로 고쳐 쓰면 이해가 쉽다.

예시		권장 표현
<u>상기</u> 본인은 2023학년도 전반기에 재입학하고자 하오며 재입학 후 학칙 준수 및 학업에 전념할 것을 약속드리오니 허가하여 주시기 바랍니다.	⬭	<u>위와 같이</u> 본인은 2023학년도 전반기에 재입학하고자 하오며 재입학 후 학칙 준수 및 학업에 전념할 것을 약속드리오니 허가하여 주시기 바랍니다.

'상기'는 '본문 위나 앞쪽에 적는 일'을 뜻하는데 '상기 내용', '상기 본인'과 같이 공문서에서 자주 사용된다. 위 예시에서 맥락을 고려하면 앞선 내용에 재입학 신청자의 인적 사항과 재입학 신청 사항이 적

혀 있다는 사실을 알 수 있다. 여기서 '상기 본인'이라 쓴 것을 '위와 같
이 본인은'으로 수정하여 위의 내용을 쓴 당사자가 해당 내용으로 재
입학을 신청한다는 점을 분명히 하는 것이 좋다.

예시		권장 표현
선정자에게는 <u>100만 원 상당의 부상</u> 제공	⇨	선정자에게는 <u>100만 원에 해당하는 상품권</u> 제공

공문서에 자주 사용되는 '상당(相當)'은 '일정한 액수나 수치에 해
당함'을 나타내는데 정확한 뜻을 알기 어렵기 때문에 문맥에 따라 이
를 풀어 쓰는 것이 좋다. 위의 예시에서는 부상 내역에 따라 '상금 100
만 원' 또는 '100만 원에 해당하는 상품권' 등과 같이 구체적인 내용을
명시해 제시하면 좋다.

예시		권장 표현
우리 도는 도민들의 재난 대응 역량을 <u>제고하고자</u> 다음과 같이 '안전한국훈련 국민체험단'을 모집하니 도민 여러분의 많은 참여를 바랍니다.	⇨	우리 도는 도민들의 재난 대응 역량을 <u>높이고자</u> 다음과 같이 '안전한국훈련 국민체험단'을 모집하니 도민 여러분의 많은 참여를 바랍니다.

위의 예시에 쓰인 '제고하다'는 '수준이나 정도를 끌어올리다'라는
뜻으로 일상생활에서 자주 쓰지 않는 어려운 한자어이다. 또한 동음
이의어인 '어떤 일이나 문제 따위에 대하여 다시 생각하다'라는 뜻의
'재고하다'로 잘못 이해될 수 있다. 혼란을 피하고 의미를 분명히 전달

하기 위해 '높이다'로 대체하여 쓰는 것이 좋다. 즉, '재난 대응 역량을 제고하고자'를 '재난 대응 역량을 높이고자'로 수정한다.

외래어를 남용하지 않았는가?

다른 유형의 공문서에서와 마찬가지로 안내문에서도 낯선 외국어나 어려운 외래어를 남용하는 일이 잦다. 이런 표현이 많이 사용되면 대중이 이해하기 어려울 수 있기 때문에 안내문에서 가장 중요한 요건 중 하나인 소통성이 떨어질 수 있다. 따라서 낯선 외국어 사용을 지양하고 알기 쉬운 우리말을 사용하도록 한다. 특히 한자나 로마자, 외국어 약어를 그대로 쓰면 일반 국민들이 문서의 내용을 쉽게 파악하기 어렵다. 정확한 정보를 제공하기 위해 인명이나 지명, 기관명 등 고유명사를 반드시 외국어로 써야 할 경우에는 먼저 우리말로 풀어 쓰고 원어를 괄호 안에 병기하는 것이 좋다.

예시		권장 표현
다음의 사항을 확인 후 동의 여부에 **체크하여** 주십시오.	⮕	다음의 사항을 확인 후 동의 여부에 **O 표시하여** 주십시오.

위의 예시에 사용된 '체크(check)'는 일상적으로 많이 사용하는 외래어로 다른 말로 대체하여야 할 필요성을 적게 느낄 수 있지만, 안내문을 읽는 사람이 지시에 따라 특정한 행동을 해야 할 경우에는 어떤 행동을 해야 하는지를 분명히 제시하여 혼란이 없도록 해야 한다. 위의 예시에서는 읽는 사람이 '동의'하는지 '동의하지 않'는지를 표시해야 하므로 'O 표시해 주십시오'와 같이 표시 형식까지 확실히 제시해 주는 것이 좋다.

예시		권장 표현
작품과 함께 압축하여 e-mail 로 제출	➡	작품과 함께 압축하여 전자 우편으로 제출

위의 예시에서는 'e-mail'이라는 로마자를 직접 노출하였는데 공문서에서는 한글을 사용하는 것을 기본 원칙으로 삼고 로마자 등 외국 문자를 본문에 직접 드러내서는 안 된다. 따라서 'e-mail'은 한글로 '이메일'이라고 쓰거나 순화어인 '전자 우편'으로 수정한다.

예시		권장 표현
홈페이지 사진공모전 공지글에서 출품신청서, 개인정보 제공동의서를 다운 후 작성	➡	누리집 사진공모전 공지글에서 출품신청서, 개인정보 제공동의서를 내려받은 후 작성

위의 예시에서는 '홈페이지', '다운' 등의 외래어가 사용되었는데 '홈페이지'는 순화어 '누리집'으로, '다운로드'의 절단어인 '다운' 은 순화어인 '내려받다' 또는 '내려받기'로 수정한다.

예시		권장 표현
건강한 거리두기를 위해 언택트(Untact)로 가을 여행을 떠날 수 있는 여행 상품을 기획하였습니다.	➡	건강한 거리두기를 위해 비대면으로 가을 여행을 떠날 수 있는 여행 상품을 기획하였습니다.

위의 예시에 쓰인 '언택트(Untact)'는 낯선 외국어로서 괄호 안에 로

마자로 원어를 병기하더라도 모든 독자가 그 의미를 이해할 수 있는 것은 아니므로 '비대면'이라는 용어로 순화하는 것이 좋다.

권위적인 표현을 사용하지 않았는가?

안내문은 안내하는 업무나 행사의 책임 소재를 분명히 하려는 데서 자칫 권위적인 표현을 사용할 수 있다. 일반 대중을 직접 수신자로 삼는 안내문에서는 독자가 느끼기에 딱딱하고 권위적인 표현을 사용하여서는 안 된다. 권위적이고 위압적인 표현 대신 부드럽고 친절한 표현을 사용하는 것이 좋다.

예시		권장 표현
공사 인사 규정에 의한 채용 <u>결격 사유가 없는 자</u>	⮂	공사 인사 규정에 의한 채용 <u>결격 사유가 없는 사람</u>

'자(者)'는 한자어로서 딱딱한 느낌을 주기 때문에 '사람'으로 바꾸어 쓰는 것이 좋다. 위의 예시에서 '결격 사유가 없는 자'는 '결격 사유가 없는 사람'으로 고쳐 쓴다.

예시		권장 표현
지원금 및 지원 기간 등은 정부 예산 및 평가 결과에 따라 <u>조정될 수 있으며, 변경(취소)에 따른 일체의 법적 권리를 주장하거나 이의를 제기할 수 없음.</u>	⮂	지원금 및 지원 기간 등은 정부 예산 및 평가 결과에 따라 <u>변경되거나 취소될 수 있으니 이를 충분히 숙지하시기 바랍니다.</u>

‘변경(취소)에 따른 일체의 법적 권리를 주장하거나 이의를 제기할 수 없음’은 ‘일체’나 ‘없음’과 같이 강도가 높은 표현이 사용되어 권위적이고 강압적으로 느껴질 수 있다. 이를 ‘변경되거나 취소될 수 있으니 이를 충분히 숙지하시기 바랍니다’로 수정한다.

예시		권장 표현
<u>설명회 미참여로 제공 받지 못한 정보에 대한 불이익은 자체 감수하여야 한다.</u>	⊃	<u>설명회에 참여하지 않을 경우 중요한 정보를 제공 받지 못해 불이익이 생길 수 있으니 주의하시기 바랍니다.</u>

　위의 예시는 설명회에 참석하지 않아 정보를 제공 받지 못해 생기는 불이익에 대한 책임이 지원자에게 있음을 명확히 전달하기 위해 강압적이고 딱딱한 표현을 사용하고 있다. 그러나 이러한 표현보다는 불이익을 받을 수 있는 경우를 자세히 설명하고 이를 주의할 것을 권하는 방식으로 표현하는 것이 더욱 친절하게 느껴진다. 그러므로 ‘설명회에 참여하지 않을 경우 중요한 정보를 제공 받지 못해 불이익이 생길 수 있으니 주의하시기 바랍니다’와 같이 수정한다. 또한 ‘정보에 대한 불이익’은 정보에 대해 어떤 불이익이 있는지 의미가 분명하지 않으므로 맥락을 고려하여 ‘정보를 제공 받지 못해 불이익이 생길 수 있<u>으므로</u>’로 수정한다.

예시		권장 표현
공사의 사정에 따라 추진 일정 등 <u>계획이 변경될 수 있으며, 이에 대하여 이의를 제기할 수 없음.</u>	⊃	공사의 사정에 따라 추진 일정 등 <u>계획이 변경될 수 있으니 주의하시기 바랍니다.</u>

위의 예시에서는 계획이 변경되는 상황에 대하여 '이의를 제기할 수 없음'이라고 함으로써 해당 기관이 업무의 주체로서 전권을 가지고 시행하며 일반 시민은 일방적으로 그에 따라야 한다는 인상을 주고 있다. 이렇게 정부나 공공 기관이 권위적인 입장에서 업무를 추진하여서는 안 되므로 주의를 당부한다는 식으로 부드럽게 표현할 필요가 있다. 따라서 '계획이 변경될 수 있으니 주의하시기 바랍니다'와 같이 수정하는 것이 좋다.

예시		권장 표현
보안 위반 발생 시 <u>가능한 법적 조치 예정임</u>.	➡	보안 위반 발생 시 <u>법적 조치를 취할 수 있으니 주의하시기 바랍니다</u>.

위의 예시에서는 '보안 위반'이라는 상황을 가정하여 '가능한 법적 조치 예정임'이라고 표현하였는데 이는 독자를 잠재적인 범죄자로 취급하는 것처럼 느껴져 불쾌함을 유발할 수 있다. 따라서 '법적 조치를 취할 수 있으니 주의하시기 바랍니다.'와 같이 문제가 발생하면 생길 수 있는 상황을 알리고 주의할 것을 당부하는 방식으로 표현하는 것이 좋다.

예시		권장 표현
이메일 기재 시 학교명, 특정 단체명이 확인되는 <u>주소 기재를 금지합니다</u>.	➡	이메일 기재 시 학교명, 특정 단체명이 확인되는 <u>주소를 기재하지 않도록 주의하십시오</u>.

'금지하다', '불가'와 같은 표현은 딱딱하고 권위적으로 느껴지므로 '-지 않도록 주의하십시오', '-지 않도록 하시기 바랍니다'와 같이 부탁 또는 당부하는 표현을 사용하는 것이 좋다. 위의 예시에서는 '주소 기재를 금지합니다'를 '주소를 기재하지 않도록 주의하십시오'로 수정한다.

내용을 알기 어려운 정책명을 사용하였는가?

정부나 공공 기관이 사업명이나 행사명 등 새로운 정책명 또는 정책 용어를 만들어 사용하고자 할 때에는 해당 내용이 잘 드러날 수 있고 누구나 쉽게 이해할 수 있도록 해야 한다. 낯선 외국어를 사용하는 경우 이를 접하는 시민들이 해당 정책명이 뜻하는 바를 곧바로 알기 어려워 정책에 대한 홍보 효과가 떨어질 수 있다.

예시		권장 표현
더욱 풍성해진 "제3회 황금삽 <u>셰프 어워즈</u>"를 기대해주세요.	➲	더욱 풍성해진 "제3회 황금삽 <u>요리왕 대회</u>"를 기대해주세요.

위의 예시에서는 요리대회 행사의 명칭으로 '황금삽 셰프 어워즈'를 사용하고 있다. 이중 '셰프 어워즈'는 '요리사 시상'이라는 뜻의 영어 표현인데, 일반 국민들이 해당 행사에 대한 설명을 접하기 전에는 어떤 행사인지 알기 어렵다. '황금삽 요리왕 대회' 등으로 순화하는 것이 좋다.

예시		권장 표현
건강한 거리두기를 위해 비대면으로 가을 여행을 떠날 수 있는 <u>모바일 스탬프 투어</u>를 진행하오니 시민 여러분의 많은 참여를 바랍니다.	⊃	건강한 거리두기를 위해 비대면으로 가을 여행을 떠날 수 있는 <u>모바일 도장 모으기</u>를 진행하오니 시민 여러분의 많은 참여를 바랍니다.

최근 들어 지자체들이 모바일로 즐길 수 있는 여행 행사를 기획하면서 휴대 전화 앱을 이용해 특정 지역을 방문하면 이를 인증해 주는 행사를 가리켜 '모바일 스탬프 투어'라 부르는 경우가 많다. '모바일 스탬프 투어'는 외래어로서 일반 국민들이 이름만으로는 어떤 여행 행사인지 알기 어려우므로 알기 쉬운 우리말을 사용하여 '모바일 도장 모으기' 또는 '모바일 도장 깨기' 등으로 수정하는 것이 좋다.

예시		권장 표현
<u>로컬리티</u> 인문학 특강	⊃	<u>지역</u> 인문학 특강

위의 예시에서 '로컬리티'는 외국어로서, '로컬리티 인문학 특강'이라고 하면 어떤 내용에 대한 특강인지를 분명히 드러내지 못하므로 이를 '지역 인문학 특강'으로 수정하는 것이 좋다. 해당 특강은 중심지에 비하여 연구나 관심이 적은 외곽 지역에 얽힌 인문학적인 내용을 발굴해 다루는 특강이므로 이 같은 명칭이 적절하다.

예시		권장 표현
'<u>블렌딩 아카데미</u>' 참가자 모집	⊃	<u>복합 인문 예술 아카데미</u>

위의 예시에서 행사명인 '블렌딩 아카데미'는 문화와 인문학에 대한 다양한 주제를 다루는 특강 프로그램이다. 그러나 행사명에 사용된 외래어'블렌딩'이 뜻하는 바를 알기 어려워 행사의 전반적인 성격을 드러내지 못한다. 행사의 성격이 이름에 분명히 드러나도록 '복합 인문 예술 아카데미'로 대체할 수 있다.

개조식 표현을 사용하지 않았는가?

안내문은 전달하려는 정보를 간결하게 나타내고자 문장보다는 명사구 형식으로 종결하는 경우가 많은데, 이렇게 명사 나열형 표현을 사용할 경우 형식적으로는 간결해 보이더라도 정보가 압축적으로 제시되면서 의미가 모호해질 우려가 있다. 명사 나열식의 개조식 표현을 사용하기보다 완결된 문장을 사용해 의미를 정확히 전달할 필요가 있다.

예시		권장 표현
훈련 기관이 제공한 <u>평가표를 작성, 훈련 종료 전까지 제출</u>	⊃	훈련 기관이 제공한 <u>평가표를 작성하여 훈련 종료 전까지 제출하시기 바랍니다.</u>

위의 예시는 명사 나열식 표현을 사용해 읽는 이가 어떤 행동이 요구되는지를 분명히 파악하기 어려운 문제가 있다. 요구되는 행동을 분명히 알 수 있도록 '평가표를 작성하여 훈련 종료 전까지 제출하시기 바랍니다.'와 같이 표현하도록 한다.

예시		권장 표현
<u>지원자 추천 이후 인원 및 전공 변경 제한을 유념</u>	⊃	<u>지원자 추천 이후에는 인원 및 전공 변경을 할 수 없으니 유의하시기 바랍니다.</u>

위의 예시 역시 개조식으로 작성되어 표면적으로는 간결해 보이지만 나열된 명사들이 각기 어떤 의미 구조를 이루는지 파악하기 어려우므로 이를 '지원자 추천 이후에는 인원 및 전공 변경을 할 수 없으니 유의하시기 바랍니다.'와 같이 의미가 분명한 완결된 문장으로 표현하는 것이 좋다.

예시		권장 표현
<u>보완 서류 추가 방문 접수는 11월 25일(목) 17:00한</u>	⊃	<u>서류 보완이 필요하여 추가로 방문하실 분은 11월 25일(목) 17:00까지 방문하여 주시기 바랍니다.</u>

위의 예시에서도 마찬가지로 다수의 명사가 나열되어 독자가 해당 내용을 파악하기 어렵다. 따라서 '서류 보완이 필요하여 추가로 방문하실 분은 11월 25일(목) 17:00까지 방문하여 주시기 바랍니다.'와 같이 행동의 주체와 요구되는 행동 등의 세부 내용을 문장으로 분명히 표현하도록 한다.

예시		권장 표현
세부사항은 <u>향후 협상 및 계약 시 별도 협의</u>	⊃	세부사항은 <u>향후 협상 또는 계약 시에 별도로 협의할 예정입니다.</u>

'향후 협상 및 계약 시 별도 협의'의 의미가 모호하므로 이를 '향후 협상 또는 계약 시에 별도로 협의할 예정입니다.'와 같이 상세하게 풀어 써 이해하기 쉽도록 한다.

예시		권장 표현
예비팀은 준비 여건 등을 <u>고려</u> 드론 축구 경기에만 <u>필수 참가</u>	⊃	예비팀은 준비 여건 등을 <u>고려하여</u> 드론 축구 경기에만 <u>필수적으로 참가합니다.</u>

명사가 나열된 위의 예시에서도 의미를 정확히 파악하기 어려운 문제가 있다. 이를 완전한 문장인 '예비팀은 준비 여건 등을 고려하여 드론 축구 경기에만 필수적으로 참가합니다.'와 같이 써 의미를 분명히 할 필요가 있다.

복잡한 의미를 명료하게 표현하였는가?

예시		권장 표현
추천 기관에서 선발된 인원의 제출서류를 종합하여 본부로 추천	⊃	추천 기관에서 자체 선발한 인원을 본부로 추천함. 선발된 인원의 서류는 추천 기관이 모두 모아 제출함.

위의 예시는 추천 기관이 해야 할 일 세 가지를 한 문장으로 압축적으로 제시하다 보니 명료성이 떨어진다. 추천 기관은 첫째, 인원을 선발하고, 둘째, 선발한 인원을 본부에 추천하고, 셋째, 선발된 인원이 제출한 서류를 본부에 제출해야 한다. 따라서 이러한 세 가지 일

각각이 잘 드러나고 그 순서가 맞도록 권장 표현과 같이 수정하는 것이 좋다.

예시		권장 표현
<u>군인 참가신청은</u> 인트라넷 전자결재 공문으로 **참가신청**	➲	<u>군인은</u> 인트라넷 전자결재 공문으로 **참가 신청을 함.**

위의 예시는 명사 나열식 표현으로 되어 있으며 주어에 쓰인 표현이 서술어에 다시 반복되어 문장 성분 간 호응이 되지 않아 의미를 잘 파악하기 어렵다. 따라서 '군인은 인트라넷 전자결재 공문으로 참가 신청을 함.'과 같이 문장 성분이 서로 호응하도록 하고 의미가 명료해지도록 문장으로 표현한다.

예시		권장 표현
지정 일자 외 접수는 무효이며 우편접수 불가, 증빙 서류 방문 접수는 6월 20일(수) 17:00	➲	다음 사항에 주의하여 접수하시기 바랍니다. - 지정 일자 외에는 접수를 받지 않습니다. - 방문 접수만 받고 우편 접수는 받지 않습니다. - 증빙 서류를 접수하실 분은 6월 20일(수) 17:00까지 방문하여 접수하시기 바랍니다.

위의 예시에서는 세 가지 내용을 하나의 문장 안에 제시하고 있어 의미를 한눈에 파악하기 어렵다. 각 항목을 별도로 구분하여 각각의 내용이 정확히 파악되도록 한다.

예시		권장 표현
국민체험단에게는 「예산 및 기금 집행지침」에 따른 위원회 참석수당 규정을 적용한 수당과 「공무원 여비 규정」에 따른 식비·운임 등 여비(장애인 체험단원의 경우, 보호자 1인 포함)를 지급합니다.	⇨	국민체험단에게는 수당과 식비·운임 등 여비를 지급합니다. ＊「예산 및 기금 집행지침」에 따른 위원회 참석 수당 규정 적용 ＊「공무원 여비 규정」에 따르고, 장애인 체험 단원의 경우 보호자 1인의 여비도 지급함

위의 예시와 같이 알리고자 하는 정보가 많아서 괄호 등의 사용으로 내용이 명료하지 않은 경우에는 핵심적인 내용과 부수적인 내용을 구분하여 핵심 내용을 가시적으로 드러나게 쓰고 부수적인 내용은 별도로 참고 표시하여 제시하는 것이 좋다.

예시		권장 표현
<u>올해로 42주년이 되는</u> 장애인 주간을 맞아 국민의 장애인에 대한 이해를 깊게 하고, 장애인의 재활 의욕을 <u>고취하기 위하여 그리고 장애인의 안정적인 생활 여건 조성 및 취업 역량을 강화할 수 있는 기회를 제공하기 위해</u> 「장애인 온라인 구인구직 만남의 날」을 개최하니 많은 관심 바랍니다.	⇨	<u>42번째</u> 장애인 주간을 맞아 국민의 장애인에 대한 이해를 깊게 하고, 장애인의 재활 의욕을 <u>고취하여 안정적인 생활 여건을 조성하고 취업 역량을 강화할 수 있도록</u> 「장애인 온라인 구인구직 만남의 날」을 개최하니 많은 관심 바랍니다.

위의 예시 역시 제시하고자 하는 정보가 많아서 문장이 매우 길어졌는데 이런 경우에는 문장을 나누거나 중복되는 표현을 삭제하고 구 단

위로 된 긴 표현은 한 단어로 압축하여 명료하게 표현하는 것이 좋다. 예시에서는 '올해로 42주년이 되는'을 '42번째'로 압축하여 표현하였으며, '-기 위하여, -기 위하여'로 연달아 제시되는 행사 개최 목적을 선후 관계 또는 인과 관계를 분명히 드러내는 '고취하여 ~을 수 있도록'과 같이 간명하게 표현하였다.

문장 부호를 바르게 사용하였는가?

안내문에서는 전달하고자 하는 정보를 간결하고 명확하게 표현해야 하기 때문에 여러 가지 문장 부호가 사용된다. 다음의 문장 부호 사용례는 안내문에서 흔히 발견되는 오류이다. 안내문을 감수할 때에는 문장 부호도 감수 대상으로 삼아 문장 부호 규정에 어긋난 경우를 찾아 수정한다.

예시		권장 표현
자격 요건 : 현재 고등학교에 재학 중인 학생	➲	자격 요건: 현재 고등학교에 재학 중인 학생

문장 부호 중 쌍점(:)은 앞말에 붙여 쓰고 뒷말과 띄어 쓰므로 '자격 요건 :'을 '자격 요건:'과 같이 쓴다.

예시		권장 표현
마감일: 2022. 8. 1(목) 15:00	➲	마감일 2022. 8. 1.(목) 15:00

연, 월, 일 등의 날짜 표기에 사용하는 온점(.)은 '년', '월', '일'을 뜻

하는 것이므로 연월일 자리마다 온점을 표기해야 한다. 따라서 위와 같이 표기한다.

예시		권장 표현
접수 기간: 2022. 8. 1. ~ 2022. 8. 31.	➡	접수 기간: 2022. 8. 1.~2022. 8. 31.

물결표(~)는 앞말과 뒷말에 모두 붙여 써야 하므로 위와 같이 수정한다.

예시		권장 표현
시민들께서 생각하시는 '시민 의견 제보 제도'의 장·단점을 모두 써 주시기 바랍니다.	➡	시민들께서 생각하시는 '시민 의견 제보 제도'의 장단점을 모두 써 주시기 바랍니다.

위의 예시에서 '장·단점'의 경우 『표준국어대사전』에 '장단점'이 한 단어로 등재되어 있으므로 가운뎃점(·) 없이 '장단점'으로 쓴다.

안내문 작성의 실제

다음은 개선이 필요한 안내문의 예시이다. 안내문이 갖추어야 할 요건과 안내문을 작성할 때 자주 발생하는 오류의 유형을 참고하여 적절하게 수정해 보자.

행정 안내문

승차권 예발매일 및 일반열차 운행 조정 알림

2020. 12. 23.(수) 이후 KTX 및 일반열차 승차권 예발매일과 중앙선 건설 사업에 따른 일부열차 운행 조정 사항을 다음과 같이 알려드리니 열차 이용에 참고하시기 바랍니다.

(1) 승차권 예발매일 조정

   ○ 운 행 일 : 2020. 12. 23.(수) ~ 2020. 12. 28.(월) 승차권
   ○ 대상열차 : KTX 및 일반열차 등 전 열차(ITX-청춘 포함)
      ※ 중앙선은 공지내용 참조
   ○ 승차권 판매개시 : 2020. 12. 9.(수) 14:00 부터
      ※ 2020. 12. 29.(화) 이후 열차 승차권 발매일정은 별도 공지

(2) 중앙선 일반열차 운행조정

   ○ 조정기간 : (1차) 2020. 12. 13.(일) ~ 2020. 12. 17.(목) 승차권
      ※ 1차 조정기간 중 매일 열차운행시간과 구간이 변경되니 열차 이용 전 반드시 운행내역을 참고할 것
   ○ 조정기간 : (2차) 2020. 12. 18.(금) ~ 2020. 12. 28.(월) 승차권
   ○ 대상열차 : ITX-새마을 4회, 무궁화호 30회(세부내역 붙임1 참조)
   ○ 승차권 판매개시 : 2020. 12. 9.(수) 14:00부터

2000년 12월 7일

한국철도공사 사장

승차권 예발매일 및 일반열차 운행 조정 알림
_{예 · 발매일}

2020. 12. 23.(수) 이후 KTX 및 일반열차 승차권 예발매일과 중앙선 건
_{예 · 발매일}
설 사업에 따른 일부열차 운행 조정 사항을 다음과 같이 알려드리니 열
차 이용에 참고하시기 바랍니다.

(1) 승차권 예발매일 조정
_{예 · 발매일}

○ 운 행 일 ; 2020. 12. 23.(수) ~ 2020. 12. 28.(월) 승차권
○ 대상열차 ; KTX 및 일반열차 등 전 열차(ITX-청춘 포함)
   ※ 중앙선은 공지내용 참조
○ 승차권 판매개시 ; 2020. 12. 9.(수) 14:00 부터
   ※ 2020. 12. 29.(화) 이후 열차 승차권 발매일정은 별도 공지 _{별도로 공지할} 예정입니다.

(2) 중앙선 일반열차 운행조정

○ 조정기간 ; (1차) 2020. 12. 13.(일) ~ 2020. 12. 17.(목) 승차권
   ※ 1차 조정기간 중 매일 열차 운행시간과 구간이 변경되니 열차 이
   용 전 반드시 운행내역을 참고할 것 _{참고하시기 바랍니다.}
~~○ 조정기간 ;~~ (2차) 2020. 12. 18.(금) ~ 2020. 12. 28.(월) 승차권
○ 대상열차 ; ITX-새마을 4회, 무궁화호 30회(세부내역 붙임1 참조)
○ 승차권 판매개시 ; 2020. 12. 9.(수) 14:00부터

2OOO년 12월 7일

한국철도공사 사장

행사 안내문

'뮤직페스티벌' 개최

○ 일 시 : 2022. 10. 13(목)~16(일) / 4일간
○ 장 소 : 노들섬
○ 행사내용: 다양한 장르의 대중음악 공연 및 뮤직·뷰티 관련 부대
　　　　　　프로그램

시간	10/13(목)	10/14(금)	10/15(토)	10/16(일)
13:00~14:00	SUB STAGE SMUF 버스킹	SUB STAGE SMUF 버스킹	SUB STAGE SMUF 버스킹	SUB STAGE SMUF 버스킹
14:00~15:00	SUB STAGE SMUF 버스킹	SUB STAGE SMUF 버스킹	SUB STAGE SMUF 버스킹	SUB STAGE SMUF 버스킹
15:00~16:00	SUB STAGE SMUF 버스킹	SUB STAGE SMUF 버스킹	SUB STAGE SMUF 버스킹	SUB STAGE SMUF 버스킹
16:00~17:00				
17:00~18:00			MAIN STAGE K-POP 커버댄스 페스티벌	
18:00~19:00	MAIN STAGE SMUF Talk [뮤직]	MAIN STAGE SMUF Talk [뷰티]		MAIN STAGE SMUF Talk [뷰티]
19:00~20:00	MAIN STAGE Beautiful Stage	MAIN STAGE Soulful Stage	MAIN STAGE Powerful Stage	MAIN STAGE Wonderful Stage
20:00~21:00				

○ 예매방법: 네이버를 통한 예약(9.28 수요일 오전10시부터) / 무료
　※ 엄마 아빠 VIP존(미취학 아동을 둔 서울거주 가족 대상, 돗자리석)
　　예약은 서울공공예약시스템을 통해 예매가능

○ 자세한 정보는 뮤직페스티벌 공식 홈페이지
　(www.musicfestival.co.kr)에서 확인 가능합니다.

'뮤직페스티벌' 개최

○ 일 시 : 2022. 10. 13(목)~16(일) / 4일간
○ 장 소 : 노들섬
○ 행사내용: 다양한 장르의 대중음악 공연 및 뮤직 · 뷰티 관련 부대
    프로그램

시간	10/13(목)	10/14(금)	10/15(토)	10/16(일)
13:00~14:00	SUB STAGE SMUF 버스킹	SUB STAGE SMUF 버스킹	SUB STAGE SMUF 버스킹	SUB STAGE SMUF 버스킹
14:00~15:00	SUB STAGE SMUF 버스킹	SUB STAGE SMUF 버스킹	SUB STAGE SMUF 버스킹	SUB STAGE SMUF 버스킹
15:00~16:00	SUB STAGE SMUF 버스킹	SUB STAGE SMUF 버스킹	SUB STAGE SMUF 버스킹	SUB STAGE SMUF 버스킹
16:00~17:00				
17:00~18:00			MAIN STAGE K-POP 커버댄스 페스티벌	
18:00~19:00	MAIN STAGE SMUF Talk [뮤직]	MAIN STAGE SMUF Talk [뷰티]		MAIN STAGE SMUF Talk [뷰티]
19:00~20:00	MAIN STAGE Beautiful Stage	MAIN STAGE Soulful Stage	MAIN STAGE Powerful Stage	MAIN STAGE Wonderful Stage
20:00~21:00				

○ 예매방법: 네이버를 통한 예약(9.28 수요일 오전10시부터) / 무료
    ※ 엄마 아빠 VIP존(미취학 아동을 둔 서울거주 가족 대상, 돗자리석)
    ~~예약은 서울공공예약시스템을 통해 예매가능~~합니다.
    예매가 가능합니다.

○ 자세한 정보는 서울뮤직페스티벌 공식 ~~홈페이자~~
    누리집
    (www.musicfestival.co.kr)에서 확인 가능합니다.

공지형 안내문

T1-T2 연결도로 접속부 공사계획 알림

공사개요 및 내용

○ 목적 : T1-T2 연결도로 단축 노선 접속부 공사시행
○ 공사계획: (위치) T1-T2 연결도로 교차로 인근
     (기간) 2000. 6. 16. ~ 2000. 12. 31.(6개월)

○ 공사내용
✓ **T1-T2 방향:** 지하차도 이용
   연결도로 이용시 교차로 전 지하차도로 노선 변경
✓ **T2-T1 방향:** 일부 구간 우회 도로 이용
   연결도로 이용시 교차로 이후 일부 구간 중앙분리대 철거 후 반대 차
   로로 우회(약 500m)

노선 변경 내용

○ (주요 안전 대책)

교통 안전 시설(PE드럼, 로봇신호수 등) 및 각종 안내 표지판 및 내비게이션 설치 사전 협의 및 통보 완료

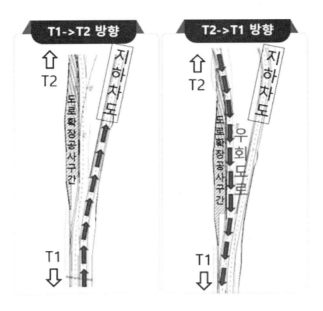

○ (공사관련 문의 연락처)

담당자: LS토목팀 김OO 대리: 032—OOO—OOOO

시공사: OO건설 김OO 팀장: 010—OOOO—OOOO

T1-T2 연결도로 접속부 공사계획 알림

공사개요 및 내용

○ 목적 : T1-T2 연결도로 단축 노선 접속부 공사시행
○ 공사계획: (위치) T1-T2 연결도로 교차로 인근
   (기간) 2000. 6. 16. ~ 2000. 12. 31.(6개월)

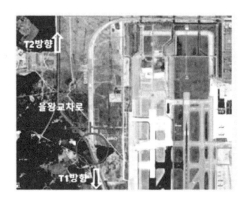

○ 공사내용
✓ **T1-T2 방향:** 지하차도 이용
   연결도로 이용 시 교차로 전 지하차도로 노선 변경
   ~~구간부터~~
✓ **T2-T1 방향:** 일부 구간 우회 도로 이용
   연결도로 이용 시 교차로 이후 일부 구간 중앙분리대 철거 후
   ~~일부 구간에서 중앙분리대를 철거하여 통행할 수 없음.~~
   반대 차로로 우회(약 500m)
   ~~반대 차로로 우회하여야 함~~

노선 변경 내용

○ (주요 안전 대책)

교통 안전 시설(PE드럼, 로봇신호수 등) 및 각종 안내 표지판 및 내비게 이션 설치 사전 협의 및 통보 완료

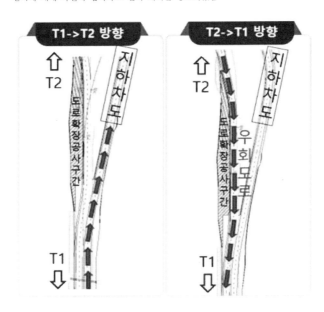

○ (공사 관련 문의 연락처)

담당자: LS토목팀 김○○ 대리: 032-○○○-○○○○

시공사: ○○건설 김○○ 팀장: 010-○○○○-○○○○

제2장

누리소통망(SNS) 알림 글,
소통성 있게 쓰자

인터넷이 발달하고 스마트폰 사용이 보편화되면서 누리소통망(SNS: Social Network Service)을 사용하는 사람이 늘고 있다. 누리소통망은 개인 간 관계 맺기, 의사소통, 정보 공유의 수단으로서 사람들은 이를 이용해 정보를 주고받고 능동적으로 정보를 검색하며, 자신의 생각을 나타내고 정치·사회·문화·산업 등 사회의 다양한 영역에 참여한다. 이러한 사회 환경 속에서 공공 기관들도 일방향으로 정책과 성과 정보를 전달하던 기존 방식에서 벗어나 시민의 의견을 듣고 소통하기 위해 누리소통망을 널리 활용하고 있다. 특히 정책과 성과를 홍보하는 수단으로 이용하고 있다. 구체적으로는 기관이나 기관의 성과를 홍보하는 글, 새로운 제도나 변경되는 제도를 알리는 글, 정책 내용을 설명하거나 보도 자료에 대해 해명하는 글, 행사를 알리고 참여를 유도하는 글 등이 있다. 이와 같이 공공 기관에서 정책 정보를 알리고 성과를 홍보하기 위해 작성하는 글은 무엇보다도 누구나 이해할 수 있도록 쉽고 정확하게 표현하는 데 중점을 두어야 할 것이다.

누리소통망 알림 글의 특징

누리소통망을 이용해 글을 게시하는 방식이 자리를 잡아 감에 따라 공공언어 측면에서 이를 살펴볼 필요가 있다. 공공 기관에서 흔히 사용하는 누리소통망 채널로는 트위터, 페이스북, 네이버 블로그, 인스타그램, 카카오 스토리, 유튜브 등이 있다. 인스타그램에는 사진, 유튜브에는 영상 위주로 게시되는 등 각 채널의 성격에 따라 게시 방식에 조금씩 차이가 있어 같은 주제의 내용이 형식을 달리해서 게시되기도 하고 채널별로 다른 내용이 게시되기도 한다.

이러한 글에 나타나는 공통된 특징은 시각 자료를 많이 활용하고 청자를 상정하여 구어체로 표현한다는 점이다. 검색과 확산이 용이하도록 샤프(#) 기호를 써서 핵심어 표시(해시태그)를 하는 것도 특징이다. 트위터나 페이스북의 게시 글은 핵심 내용 중심으로 짧게 작성하는 편이고 상세한 사항은 주로 네이버 블로그에 게시하는데, 트위터나 페이스북의 게시 글 끝에는 링크가 되어 있어서 연동된 원본 자료나 상세 내용이 담긴 네이버 블로그, 기관 누리집에서 자세한 내용을 확인할 수 있다.

출처: 서울시 트위터, https://twitter.com/seoulmania;
　　　서울시 페이스북, https://www.facebook.com/seoul.kr

[그림 18] 서울시 트위터(왼쪽)와 페이스북(오른쪽)의 알림 글

출처: 서울시 네이버 블로그,
https://blog.naver.com/prologue/PrologueList.naver?blogId=haechiseoul&skinType=&skinId=
&from=menu&userSelectMenu=true

[그림 19] 서울시 네이버 블로그의 알림 글

글을 작성할 때 고려할 점

누리소통망은 국민이 많이 활용하는 매체이고 공식적인 기관 누리집이나 전통적인 언론 매체보다 친근하게 접할 수 있다는 점에서 여기에 게시하는 글은 정확하고 쉽게 써야 하며 문맥에 맞는 적절한 표현, 우리말다운 표현을 써야 한다. 구어체 표현과 유행어, 언어유희 등은 매체의 특성으로 보더라도, 그 바탕에는 "사회 구성원에게 소통할 목적으로 사용하는 언어"라는 공공언어의 개념이 있어야 할 것이다.

단어를 정확하게 쓰기

글을 작성할 때 단어 차원에서는 어문 규범을 잘 지켜 썼는지, 의미에 맞는 정확한 어휘를 사용했는지, 어렵거나 생소한 말은 쉬운 말로 다듬어 썼는지 등을 고려해야 한다.

한글 맞춤법에 맞게 쓰기

누리소통망 알림 글은 국민이 쉽게 접할 수 있고 파급력이 크므로 한글 맞춤법 규정에 따라 정확하게 작성해야 한다. 기관의 공식적인 보도 자료보다는 비격식적으로 받아들여지나 국민들은 이를 공공 기관이 작성, 배포하는 글로 인식하므로 기본적인 어문 규범을 지켜 쓸 필요가 있다. 작성 사례를 살펴보면 발음이 유사한 말의 표기를 혼동해서 잘못 쓰거나 두음 법칙, 사이시옷 규정을 적절하게 적용하지 못하는 경우가 있다.

<u>게제</u>된 내용	→	<u>게재</u>된 내용
예, <u>아니오</u>	→	예, <u>아니요</u>
전시관에 <u>들려</u> 보길	→	전시관에 <u>들러</u> 보길
장애가 되기 <u>쉽상</u>이다	→	장애가 되기 <u>십상</u>이다
<u>오랫만</u>에 만나	→	<u>오랜만</u>에 만나
야외 활동을 <u>삼가해</u>	→	야외 활동을 <u>삼가</u>
이 자리를 <u>빌어</u>	→	이 자리를 <u>빌려</u>

위와 같이 발음 때문에 표기를 혼동할 때가 있다. 특히 설문 조사에서 대답하는 말을 선택하도록 보기를 제시하면서 '예'에 상대되는 말의 표기를 '아니오'로 잘못 알고 쓸 때가 있는데, 윗사람이 묻는 말에 부정하여 대답할 때는 '아니요'로 쓴다. '아니오'는 예를 들어 "이것은 연필이 아니오."처럼 문장의 서술어로 쓰이므로, '아니요'와 구별할 필요가 있다.

직전 <u>년도</u>	→	직전 <u>연도</u>
3차 <u>년도</u>	→	3차 <u>연도</u>
취업율	→	취업률
중단률	→	중단율

한자음 '녀'가 단어 첫머리에 올 적에는 두음 법칙에 따라 '여'로 적는다. '비율'을 뜻하는 '률(率)'은 'ㄴ'을 제외한 받침 있는 명사 뒤에서는 '률'로 쓰고, 모음이나 'ㄴ' 받침 뒤에서는 '율'로 쓴다.

경계값	→	경곗값
기대값	→	기댓값
댓가	→	대가

한글 맞춤법 제30항에 따르면, 순우리말과 한자어로 된 합성어에서 앞말이 모음으로 끝나고 뒷말의 첫소리가 된소리로 날 때 사이시옷을 받쳐 적는다. 그런데 한자어로만 된 말은 '곳간, 셋방, 숫자, 찻간, 툇간, 횟수'를 제외하고는 사이시옷을 적지 않으므로, 한자어 '대가(代價)'는 사이시옷을 적지 않는다.

띄어쓰기 정확하게 하기

띄어쓰기는 한글 맞춤법에 포함되지만 오류가 빈번한 영역이어서 독립적으로 다루었다. 한 단어가 아닌 말을 붙여 쓰거나, 반대로 이미 한 단어로 굳어진 말을 잘못 띄어 쓰는 오류가 많다.

전일대비	→	전일 대비
전년동월대비	→	전년 동월 대비
뜻 깊은	→	뜻깊은
잘 되는	→	잘되는

문장의 각 단어는 띄어 쓰는 것이 원칙이다. 전문 용어나 고유 명사처럼 붙여 쓰는 것도 허용되는 대상이 아니라면 합성어가 아닌 말은 원칙에 따라 각 단어를 띄어 써야 한다.

흔히 '명사+가능' 구성을 한 덩어리로 인식하여 붙여 쓰는 경향이 있는데, 예를 들어 '예측이 가능한'처럼 필요한 조사를 살려 썼다면 '가능하다'를 자연스럽게 띄어 썼을 텐데 명사를 나열하는 방식으로 쓰다 보니 통째로 하나의 단어처럼 붙여 쓰는 오류를 범하는 것이다. 작성 사례들을 보면 대체로 4음절까지를 한 단어로 인식해서 잘못 붙여 쓰거나 한 단어가 아님을 알더라도 4음절까지는 붙여 쓰는 표기를 적절한 것으로 인식하는 경향이 있는 듯하다. 될 수 있으면 각 문장 성분에 필요한 조사를 붙여 쓰는 것이 좋고, 명사 나열형으로 쓴다 하더라도 합성어가 아니라면 각각 띄어 쓰는 것이 적절하다.

이용가능	→	이용 가능		
발생가능한	→	발생 가능한	→	발생할 수 있는

띄어쓰기에서 특히 1음절로 된 말의 띄어쓰기 오류가 많은데, 의존 명사, 관형사와 같이 띄어 써야 하는 말과 접사, 조사와 같이 붙여 써야 하는 말을 구별해야 한다.

○ 띄어 써야 하는 말(의존 명사, 관형사)

7일차	→	7일 차(의존 명사)
운영중	→	운영 중(의존 명사)
1월초	→	1월 초(의존 명사)
할수 있다	→	할 수 있다(의존 명사)
만11세	→	만 11세(관형사)
전국민	→	전 국민(관형사)
각1회	→	각 1회(관형사)

○ 붙여 써야 하는 말(접사, 조사)

제_1회	→	제1회(접두사)
지역_별	→	지역별(접미사)
주관_하	→	주관하(접미사)
온라인_상	→	온라인상(접미사)
하나_이다	→	하나이다(조사)

1음절로 된 말 중 '시(時)'가 '어떤 일이나 현상이 일어날 때나 경우'를 뜻할 때는 의존 명사로 쓰인 것이므로 띄어 써야 한다. 이때 '시'를 그대로 쓰기보다는 '~할 때' 등으로 바꿔 쓰는 것이 더 자연스럽다. 단, '필요시, 비상시'는 한 단어로 굳어진 말이므로 붙여 쓴다.

발생시	→	발생 시	→	발생할 때

공공언어에서 흔히 나타나는 띄어쓰기 오류 유형 중에는 '-하다', '-되다'가 붙은 말을 잘못 띄어 쓰는 경우가 있다. 동사로 쓰이는 '하다', '되다'와 혼동한 것으로 보이는데, 명사 뒤에 '-하다, -되다' 접사가 붙어 동사, 형용사가 된 말은 붙여 쓴다.

소독 하다	→	소독하다
확대 되다	→	확대되다

형태가 유사해 띄어쓰기를 혼동하기 쉬우나 구별해서 써야 할 말도

있다. 아래의 예는 공공언어에서 흔히 나타나는 오류이다.

주민간	→ 주민 간(의존 명사 '간')
6개월 간	→ 6개월간(접미사 '-간')
강화하는데 중점을 둔	→ 강화하는 데 중점을 둔(의존 명사 '데')
파견하는 데, 그중에서	→ 파견하는데, 그중에서(어미 '-는데')
약속한바 있고	→ 약속한 바 있고(의존 명사 '바')
혜택을 부여한 바, 두 나라는	→ 혜택을 부여한바, 두 나라는(어미 '-ㄴ바')
회의실 뿐만	→ 회의실뿐만(조사 '뿐')
들었을뿐만 아니라	→ 들었을 뿐만 아니라(의존 명사 '뿐')
적을 뿐더러	→ 적을뿐더러(어미 '-을뿐더러')

위 예에서 '간(間)'은 의존 명사로 쓰이기도 하고 접미사로 쓰이기도 한다. '관계'의 뜻을 나타낼 때는 의존 명사이므로 앞말과 띄어 쓰고, 시간을 나타내는 말 뒤에 붙어 '동안'의 뜻을 더할 때는 접미사이므로 붙여 쓴다.

다음으로, 띄어쓰기에서 의존 명사와 어미의 쓰임을 구별해야 할 때가 있다. 장소, 일, 경우의 뜻을 나타내는 '데'는 의존 명사이므로 띄어 쓰고, 어떤 상황을 미리 말할 때 쓰는 '-는데'는 어미이므로 붙여 쓴다.

또 의존 명사 '바'와 어미 '-ㄴ바'를 혼동할 때가 많은데, 의존 명사 '바'는 앞에서 말한 대상을 가리킬 때, 어미 '-ㄴ바'는 문어체에서 어떤 상황을 미리 제시할 때 쓴다.

형태가 같아 보이는 '뿐'은 조사로 쓰일 때와 의존 명사로 쓰일 때,

어미 '-을뿐더러'가 쓰일 때를 구별해야 한다. 특히 어미 '-을뿐더러'는 용언의 관형사형 뒤에 의존 명사가 쓰인 것으로 착각하기 쉬우나 그 자체로 하나의 어미이므로 붙여 쓴다.

단위를 나타내는 말은 띄어 쓰는 것이 원칙이다. 아라비아 숫자와 어울려 쓰일 때는 붙여 쓰는 것을 허용하나, 한글로 수를 적을 때는 원칙대로 띄어 쓰는 것이 적절하다.

2만가구	→	2만 가구
1만명	→	1만 명
3만원	→	3만 원

'이상, 이하, 초과, 미만' 등과 같이 정도를 나타내는 말은 수 표현과 각각 띄어 쓴다. 공공언어에서 자주 보이는 오류이므로 띄어쓰기에 유의해야 한다.

65세이상	→	65세 이상
1톤이하	→	1톤 이하
5년초과	→	5년 초과
50인미만	→	50인 미만

문장 부호 정확하게 사용하기

문장 부호와 관련해서는 쓰임이 적절하지 않거나 띄어쓰기가 적절하지 않은 경우가 많다. 날짜 표기에서 아라비아 숫자만으로 연월일을 쓸 때 '연, 월, 일' 자리에 마침표를 쓸 수 있는데, 이때 마지막 '일' 자리에 마침표를 쓰지 않는다거나 '연'이나 '월', '일'만을 쓰면서 마침표를 쓴다거나 '연, 월, 일' 글자와 마침표를 섞어 쓰는 오류 등이 있다.

10.19(수)~10.31(월)	→	10. 19.(수)~10. 31.(월)
2022.	→	2022년
2022. 8월	→	2022. 8./2022년 8월

자주 보이는 문장 부호 오류 중에는 문장 끝에 마침표를 쓰지 않는 경우가 있다. 특히 문장 끝에 그림말(이모티콘)이나 핵심어 표시(해시태그)를 하면서 마침표를 찍지 않는 예가 많은데, 평서문의 끝에는 마침표를 쓰는 것이 원칙이므로 문장을 마무리하는 마침표를 쓴 다음 그림말이나 핵심어 표시를 덧붙이는 형태로 쓰는 것이 적절하다.

오늘부터 시작됩니다. 많은 관심 부탁드려요		
→ 오늘부터 시작됩니다. 많은 관심 부탁드려요.		
행사를 진행하고 있습니다☺	→	행사를 진행하고 있습니다.☺
배포합니다#기념품	→	배포합니다.#기념품

또 문장 부호를 겹쳐 쓰거나 적절하지 않게 쓰는 경우가 있다. 글을 쓸 때는 문장 부호를 불필요하게 많이 쓰거나 적절하지 않게 쓴 부분이 없는지 살펴봐야 한다.

상품도 받아가세요!!	→	상품도 받아 가세요!
직·간접	→	직간접
국내·외	→	국내외

참여 기간 : 1월	→	참여 기간: 1월
다음과 같다. 이 항목은	→	다음과 같다. 이 항목은

외래어 표기법에 맞게 쓰기

외래어는 외래어 표기법에 맞게 써야 한다. 흔히 철자에 이끌려 잘못 표기하는 오류가 많은데, 사전에서 정확한 표기를 확인하고 쓰는 것이 좋다.

파트너쉽	→	파트너십
캐쉬백	→	캐시백
센타	→	센터
싱가폴	→	싱가포르
알콜	→	알코올
까페라떼	→	카페라테
매커니즘	→	메커니즘
타겟	→	타깃
아젠다	→	어젠다
컨퍼런스	→	콘퍼런스

단어를 의미에 맞게 쓰기

문장의 의미를 명확하게 전달하기 위해서는 문맥에 맞는 단어를 사용해야 한다. 읽는 사람이 의미를 잘못 이해하지 않도록 동어 반복이나 중의적 표현 등에 유의하고 단어의 의미를 정확하게 확인하여 문맥에 맞게 써야 한다.

사망률이 <u>월등히</u> 높다	→	사망률이 <u>매우/현격히</u> 높다
25%보다 <u>5%</u> 증가해 30%	→	25%보다 <u>5퍼센트포인트</u> 증가해 30%
신청서를 <u>접수받은</u>	→	신청서를 <u>받은</u>/신청서를 <u>접수한</u>
<u>질의응답을 받는</u>	→	<u>질의응답하는/질의를 받는</u>
<u>계획 달성</u>	→	<u>계획 이행/목표 달성</u>
<u>기존</u>에 존재하는	→	<u>기존의/이미</u> 존재하는
<u>안내 알림</u>	→	<u>안내/알림</u>
<u>매달마다</u>	→	매달/달마다
<u>각</u> 통신사별	→	<u>각</u> 통신사/통신사별
<u>약</u> 30만<u>여</u> 명	→	<u>약</u> 30만 명/30만여 명

 '월등히'는 '수준이 정도 이상으로 뛰어나게'라는 뜻이므로, 부정적 의미를 나타내는 문맥에 쓰기에는 적절하지 않다. 이때는 '월등히' 대신 '매우'나 '현격히' 등의 표현을 쓸 수 있다.

 '퍼센트'와 '퍼센트포인트'를 구별하지 못하는 오류도 흔하게 보이는데, 백분율로 나타낸 수치가 이전보다 증가했는지 감소했는지를 말할 때는 퍼센트포인트를 쓴다.

 흔히 '접수받다'라는 표현을 많이 쓰는데, '접수'는 신청이나 신고를 '받음'을 뜻하므로 '접수' 뒤에 '받다'를 겹쳐 쓰는 것은 적절하지 않다.

쉬운 말로 쓰기

 일반 국민을 대상으로 하는 글은 누구나 이해하기 쉽게 작성해야 한다. 어려운 한자어나 낯선 외국어·외래어를 남용하거나 로마자를 번역 표현 없이 그대로 제시한다거나, 전문 분야에서만 이해되는 약어를 설명 없이 쓴다면 의미를 이해하지 못해 의사소통에 지장이 생길 수 있다. 사회 구성원과 원활하게 의사소통하고 정보와 성과를 확산하는 것이 누리소통망 알림 글의 목적임을 고려하여 쉬운 말로 쓸 필요가 있다. 특히 외래어를 쓸 때는 널리 통용되는 말인지 한번 더 생각해 보고, 되도록 쉬운 우리말로 바꾸어 쓰려는 노력을 해야 한다.

회사 VS 노동자		→ 회사 대 노동자
파일 2Mbyte		→ 파일 2메가바이트
힐링 스팟	→ 힐링 스폿	→ 치유 장소(지점, 지역)
소울	→ 솔	→ 마음(영혼)
팬데믹		→ (감염병) 세계적 유행
킥오프회의		→ 착수회의
비전		→ 전망
글로벌		→ 세계적/국제적
타악 퍼포먼스		→ 타악 공연
참여 부스		→ 참여 공간/참여관
모멘텀		→ 전환 국면
니즈		→ 수요/바람/요구
매칭		→ 연계/연결

「국어기본법」에 따르면 공문서는 어문 규범에 맞추어 한글로 작성하는 것이 원칙이므로, 한자나 로마자로만 쓰는 것을 삼가고 한글로 표기하되 원어를 꼭 써야 한다면 괄호 안에 병기하는 형태로 쓰도록 한다.

G20	→	주요 20개국(G20)
ODA	→	공적 개발 원조(ODA)
對중국	→	대중국
1개월 內	→	1개월 내
입장권 外	→	입장권 외
유지 必	→	유지 필
운영 中	→	운영 중

또 한자어를 상투적으로 쓰기보다는 친숙하고 쉬운 우리말로 바꾸어 쓰는 것이 좋다.

부재하다	→	있지 않다/없다
본 글	→	이 글
동 제도	→	이 제도/같은 제도
금번	→	이번
당초	→	기존
득하다	→	받다/얻다
상기	→	위의
송부하다	→	보내다
요망	→	바람
차제에	→	이 기회에/이번 기회에/이때에
상정하다	→	부치다/올리다
소기의	→	기대한 바
시정하다	→	바로잡다
유보하다	→	미루어 두다

실시하다	→	하다
시행하다	→	하다
일환으로	→	하나로
제고하다	→	높이다
수여하다	→	주다
1개소	→	1곳

〈참고 자료〉

국립국어원에서는 외국어나 어려운 한자어를 순화하는 작업을 꾸준히 해 오고 있다. 국립국어원 누리집 '다듬은 말'에서 쉽게 다듬은 말을 확인할 수 있다.

문장 표현을 정확하고 자연스럽게 쓰기

문장은 의도하는 바가 명확하게 드러나도록 명료하게 써야 한다. 이를 위해서는 주어, 목적어, 서술어 등의 문장 성분을 정확하게 쓰고 성분 간 호응, 성분 간 생략이나 중복에 주의해야 한다. 외국어를 번역한 느낌이 드는 번역 투 표현이나 명사를 과도하게 나열하는 표현을 삼가고, 조사를 정확하게 사용해야 한다.

문장 성분 호응, 생략, 중복 확인하기

글을 쓸 때는 문장 성분을 정확하게 쓰고 문장 성분 간에 호응이 이루어지도록 작성해야 한다. 필요한 문장 성분이 생략되거나 중복되는 부분이 없도록 주의해야 한다.

우리 시는 1월부터 바우처 단가를 <u>인상하고</u>, 쿠폰이 <u>지급됩니다</u>.
→ 우리 시는 1월부터 바우처 단가를 <u>인상하고</u>, 쿠폰을 <u>지급합니다</u>.

설문 조사를 통해 가구 데이터가 <u>구축한다</u>.
→ 설문 조사를 통해 가구 데이터가 <u>구축된다</u>.

중요 <u>원칙은</u> 법률에서 정하는 바에 따라 입법화한다는 <u>원칙이다</u>.
→ 중요 <u>원칙은</u> 법률에서 정하는 바에 따라 입법화한다는 <u>것이다</u>.

앞으로 <u>필요한 것은 계획에 대한 논의</u>, 사회적·경제적 <u>자원이 투입되어야</u> 한다.
→ 앞으로 <u>계획에 대한 논의가 필요하며</u>, 사회적·경제적 <u>자원이 투입되어야 한다</u>.

대등하게 연결하기

'와/과', '고/며', '또는' 등으로 접속하는 말에는 구조가 같은 표현을 사용해 대등하게 연결해야 한다.

조사 및 지원하는 등 → 조사하고 지원하는 등

조사 및 지원을 하는 등

초과된 요금은 반환 또는 감면하여

→ 초과된 요금은 반환하거나 감면하여

조사를 정확하게 사용하기

조사는 문장에서 중요한 기능을 한다. 조사를 잘못 쓰면 문장의 의미가 달라질 수도 있다. 특히 형태가 유사하지만 의미가 다른 조사를 잘 가려 쓰고, 조사를 적절하게 사용해야 한다.

선수에 주의를 주는 → 선수에게 주의를 주는

드라마들에게 제재를 한 → 드라마들에 제재를 한

영상도 저작물로써 권리가 보호된다

→ 영상도 저작물로서 권리가 보호된다

5개의 전시관은 다양한 작품이 전시되어 있다

→ 5개의 전시관에는 다양한 작품이 전시되어 있다

'에'와 '에게'는 그 앞에 오는 명사가 사람이나 동물이면 '에게', 사물이나 식물이면 '에'로 구별해서 써야 하는데, 둘을 구별하지 못하고 잘못 쓰는 경우가 종종 있다. 위 예에서 '선수'는 사람이므로 '에게', '드라마'는 사람이나 동물이 아니므로 '에'를 써야 한다.

외국어 번역 투 삼가기

공공언어에서 외국어를 번역한 듯한 느낌을 주는 번역 투 표현이 많이 보이는데, 되도록 우리말다운 자연스러운 표현을 찾아 쓰는 것이 좋다.

문제를 해결하는 **데에 있어서** 중요한 것은
→ 문제를 해결하는 **데에** 중요한 것은

보다 공정하고 효율적인 시험
→ **더** 공정하고 효율적인 시험

능력이 필요할 것으로 **보여진다**.
→ 능력이 필요할 것으로 **보인다**.

프랜차이즈라 **불리우는** 가맹 사업
→ 프랜차이즈라 **부르는** 가맹 사업

참석자들의 증언**에 의하면**
→ 참석자들의 증언**에 따르면**

미담 사례를 **속속** 소개함으로써
→ 미담 사례를 **연달아** 소개함으로써

A로부터의 영향력을 최소화해야
→**A의** 영향력을 최소화해야

'~에 있어서'라는 표현을 많이 쓰는데, 작성 사례를 보면 이 말을 쓰

지 않는 것이 더 자연스럽다. '~에 있어서'는 일본말의 영향을 받은 표현이라는 지적이 있다. 말을 할 때는 잘 쓰지 않지만 글에서는 상투적으로 쓰는 경향이 있는 듯하다. 되도록 자연스러운 우리말 표현으로 바꿔 쓰는 것이 좋다.

〈누리소통망 알림 글 다듬어 보기〉

● 다음은 누리소통망 알림 글의 예이다. 어문 규범에 맞지 않는 부분과 의미가 적절하지 않은 표현을 찾아 수정해 보자.

마을 관광 상품
체험단을 모집합니다.

모집 기간 : 2022.9.16 ~ 10.3

바람불어 좋은 날, 함께해요!!

관광 코스: 지하철역 1번출구 → 서점 옛터 → 벽화 거리 → 대학 입구 3번출구 → 빵집 → 우체국 → 까페 골목 → 근린공원 → 도깨비시장 → 유적지 → 공원

모집 인원 체험단 100명 내외	**접수 방법** 온라인 접수(마을 관광 홈페이지)
모집 형태 • 단체 체험단 - 마을관광해설사 동반 10인이하 단체 관광 • 개별 체험단 - 개별 신청자가 자유롭게 코스 관광	**활동내용** 관광 코스 체험 후, 개인 블로그와 누리소통망(SNS) 채널에 체험 후기 upload(각1회 이상)
체험 일정 10월~11월 中 1회(일정은 개별 공지)	**발표 일정** 10월 둘째 월요일(예정)에 개별 문자 통보
혜택 사항 • 체험 아트 상품 제공 • 우수 후기 선정시 커피 쿠폰 제공	**문의** 담당자 ☎ 070-123-1234

〈문제 해설〉

○ 띄어쓰기 수정
- 바람불어 → 바람 불어
- 1번출구 → 1번 출구
- 10인이하 → 10인 이하
- 선정시 → 선정 시
- 활동내용 → 활동 내용
- 각1회 → 각 1회
☞ 문장의 각 단어는 띄어 쓴다.

○ 문장 부호 수정

- 모집 기간 : → 모집 기간:
  ☞ 이 예에서 쌍점은 앞말에 붙여 쓰고 뒷말과 띄어 쓴다.
- 2022.9.16. ~ 10.3 → 2022. 9. 16.~10. 3.
  ☞ 날짜를 나타내는 연월일 글자 대신 마침표를 쓸 때는 마지막 '일' 자리에도 마침표를 써야 한다. 기간이나 거리 또는 범위를 나타내는 물결표는 앞말, 뒷말에 붙여 쓴다.

- 함께해요!! → 함께해요!
  ☞ 느낌표는 한 번만 쓴다. 감탄의 정도가 약하다면 느낌표 대신 마침표나 쉼표를 쓸 수 있으나, 감탄의 정도가 강하다고 해서 여러 번 겹쳐 쓰는 것은 적절한 쓰임이 아니다.

○ 외래어 표기 수정
- 까페 골목 → 카페 골목
  ☞ 몇몇 언어를 제외하고는 외래어에서 된소리 표기를 하지 않는다.

○ 단어 수정
- 코스 → 구간/경로/과정

- 아트 상품 → 예술 상품/미술 상품
- 홈페이지 → 누리집
  - ☞ 외래어는 되도록 쉬운 우리말로 바꾸어 쓴다.
- 11월 中 → 11월 중
- upload → 올리기(업로드)
  - ☞ 한자나 로마자는 그대로 노출하지 않고 한글 표기를 하거나 번역 표현을 쓴다.
- 문자통보 → 문자 알림/문자 안내
  - ☞ '통보'보다는 '알림' 또는 '안내'로 순화하여 쓰는 것이 좋다.

○ 문장 수정
- 체험단 100명 내외
  → 100명 내외
  - ☞ 제목에서 체험단을 모집한다는 사실을 알 수 있으므로 '인원' 항목에서 '체험단'을 반복하기보다는 인원수만 제시하는 것이 간결하다.
- 마을관광해설사 동반 10인 이하 단체 관광
  → 마을관광해설사를 동반한 10인 이하 단체 관광
  - ☞ 필요한 조사가 누락되어 수식 구조를 명확하게 알기 어려우므로 적절한 조사를 살려 쓴다.
- 우수 후기 선정 시 커피 쿠폰 제공
  → 우수 후기로 선정되면 커피 쿠폰 제공
  - ☞ '선정되는' 대상과 '제공하는' 대상이 다르므로 의미를 혼동하지 않도록 풀어서 쓰는 것이 좋다.

국립국어연구원(2003), 『국어 순화 자료 합본』, 국립국어원.

국립국어원(2013), 『2013년 행정기관 공공언어 진단 및 진단 자동화 도구 개발』, 국립국어원.

국립국어원(2009), 『공공기관 서식·문서의 국어 사용 실태 조사』, 국립국어원.

국립국어원(2020), 『공공언어 감수 전문가 양성을 위한 지침서』, 국립국어원.

국립국어원(2011), 『요긴하게 쓸 만한 다듬은 말 61개』, 국립국어원.

국립국어원(2014), 『중앙 행정 기관의 전문 용어 개선 지원 및 순화어 정비 연구』, 국립국어원.

국립국어원·현대경제연구원(2010), 『공공언어 개선의 정책 효과 분석』, 국립국어원.

문교부(1948), 『우리말 도로 찾기』, 조선교학도서주식회사.

문화체육관광부·국립국어원(2014), 『쉬운 공공언어 쓰기 길잡이』, 국립국어원.

김지혜(2022), 「차별적 언어 표현 연구-사회적 인식 변화에 따라 새롭게 인식된 차별 표현을 중심으로」, 『어문연구』112, 어문연구학회, 5-37쪽.

민현식(2003), 「국어 순화의 국어학적 연구」, 『국어 순화 정책 연구 보고서』, 국립국어연구원, 33-212쪽.

박재희(2020),「현행 공공언어 정책 방향에 대한 검토」,『코기토』91, 부산대학교 인문학연구소, 175-202쪽.

박주화(2019),「다듬은 말에서 새말까지」,『2019 국어정책학술대회(국어순화의 방향과 방법) 발표문』, 국립국어원.

법제처(2012),『알기 쉬운 법령 정비 기준』, 법제처.

송철의(1988),「외래어의 순화 방안과 수용 대책」,『새국어생활』8권2호, 국립국어원, 21-40쪽.

정희창(2020),「국어 순화 정책의 의미와 공공성」,『인문과학』76, 성균관대인문학연구원, 5-32쪽.

정희창(2015),「외래어 순화의 내용과 앞으로의 방향」,『한국어학』67, 한국어학회, 89-104쪽.

정희창(2023),『공공언어 교육의 실제』,『동악어문연구』89, 동악어문학회, 23쪽-45쪽.

조태린(2010),「공공언어 문제에 대한 정책적 개입 방식」,『한말연구』27, 한말연구학회, 379-405쪽.

황용주(2010),「한국의 언어 관리 정책」,『국어문학』50, 국어문학회, 23-45쪽.

Spolsky, B.(2004), Language Policy, Cambridge : Cambridge University Press.

국립국어원 누리집, https://www.korean.go.kr

서울시 네이버 블로그, https://blog.naver.com/haechiseoul

서울시 트위터, https://twitter.com/seoulmania

서울시 페이스북, https://www.facebook.com/seoul.kr

　안녕하세요? 성균관대 BK21 '혁신·공유·정의 지향의 한국어문학 교육연구단'의 단장을 맡고 있는 천정환입니다.

　성균관대 교육연구단은 한국어문학 연구와 교육에 대한 나름의 오랜 고민과 모색을 안고 2020년에 출범했습니다. 저희가 내세운 혁신, 공유, 정의라는 단어는, 한국어문학 연구자의 인재상과 대학원 교육과정을 시대에 맞게 바꾸고, 여전히 한국어문학 교육과 연구 현장을 꿋꿋이 지키고 있는 해내외의 연구자들과 함께 학문 생태계를 되살려 사회에 기여하는 젊은 연구자들을 길러내자는 제안을 담았습니다.

　그동안 장기화된 코로나 팬데믹이 예견하지 못한 많은 어려움을 가져다주었습니다만, 학술대회의 개최, 지식공유 미디어 운영 등을 통한 교류와 교육과정의 개편 등을 통해 나름 노력해왔다고 자부합니다. 그 노력의 결과의 하나로 이번에 '성균 한국어문학 총서'의 첫 세 권을 발간하게 되었습니다. 각각 국어학, 문학문화 연구, 디지털한국어문학에 학문적 기반을 둔 것으로, 저희 교육연구단의 새로운 교육 내용과 '혁신·공유·정의'에의 지향에 어울리는 책들이라 생각합니다. 특히 교육연구단의 신진 연구자들이 주도적으로 기획하고 집필한 책들이라 더 보람을 느낍니다. 책을 기획하고 참여하신 모든 분들께 진심으로 감사드립니다.

　이러한 작업을 통해 교육연구단이 생산하는 성과를 국내외의 연구자들은 물론 시민들과 널리 함께하고자 합니다. 앞으로도 이 시리즈의 저서 발간 작업을 이어가며 여러 선생님들께 참여를 여쭙겠습니다. 관심 가져주시고 언제든 질정을 보내주십시오. 감사합니다.

2023년 2월 28일
성균관대 BK21 혁신 · 공유 · 정의 지향의
한국어문학 교육연구단 올림

저 자 약 력

정희창

국립국어원 학예연구관, 동덕여자대학교
국어국문학과 교수 역임
현 성균관대학교 국어국문학과 교수

김지혜

국립국어원 국어문화학교 강사, 성균관대학교,
이화여자대학교, 한신대학교 강사 역임
현 성균관대학교 국어국문학과 연구교수

방영심

국립국어원 국어문화학교 강사, 이화여자대학교
국어국문학과 강사 역임
현 상명대학교 계당교양교육원 교수

박지순

국립국어원 학예연구사 역임
현 연세대학교 글로벌인재대학 교수

이지수

현 한국교육과정평가원 부연구위원

김주은

어문기자, 국책연구기관 교열 전문원 역임
현 가나다교열 대표

곽유석

현 성균관대학교 한국문화연구소 연구원

김강은

현 성균관대학교 한국문화연구소 연구원

김종희

현 한성대학교 글쓰기센터 연구원

김정윤

현 국립국어원 연구원

홍상기

성균관대학교 국어국문학과 석사 과정

정량량

성균관대학교 국어국문학과 석사 과정